NHK民営化論
日本語の誤用と外国語教育への妨げ

木本 清

鳥影社

「NHK 民営化論」
日本語の誤用と外国語教育への妨げ

まえがき

視聴者の疑問に答えよ

　NHK会長の「公共性を欠く」発言が問題になり、国会で取りあげられた。NHKに関しては、問題は会長の発言だけではない。

　某番組担当者は、テレビ・ラジオ共ほぼ毎日ひどい「日本語害」をまき散らしている。テレビ・ラジオ番組を毎日利用している私は耐えられず、今年2月に出版した自著『「英語と日本語」再考』（鳥影社刊）で、そのことを指摘した。

　そして「回答をお願いするための贈呈図書」と記して、1冊を東京のNHK放送センターへ郵送した。ところが返事の内容は、「NHKとしての見解は差し控え、放送・事業への理解と協力を」というものだった。

　回答を得ることのできない視聴者が、どのように理解し、協力するのだろうか。放送番組の内容に関し、視聴者の持つ疑問点について、なぜNHKは回答できないのか、不思議である。欧米の放送界では、このようなことは許されないだろう。我が国の放送界のレベルが、欧米のものに達していないことは明かである。

2014年3月30日付毎日新聞（西部本社版）朝刊
「投書欄」に掲載

NHK放送受信料の支払者（筆者）が、放送受信料の徴収者へ、放送番組内容に関する問題点（日本語の誤用及び外国語教育への妨害）を指摘し、回答を求めた。しかしながら、NHKは無視し続けている。このような

「民主主義の掟破り」

にもかかわらず、総務大臣はNHKの放送事業を認可し、そのような総務大臣を、総理大臣は任命している。
　このことを筆者は

「問題が生じた際、誰も責任をとらない
　　　　　　　　　　　NHK及び政治家の体質」

と推測する。
　筆者は高校の英語科教員として、30年間勤務した。その間、言動に関わる問題点を指摘された場合

誤りを認める時は→謝って訂正する
↓
主として、授業における練習問題の解答の誤り

誤りを認めない時は→反論して自分の正当性を主張する
↓
ホームルーム担任の「差別発言」として
保護者から指摘された場合、丁寧に何度も説明した。

それは、筆者の後に続く高校生へ、「生きざま」を示すためだった。NHK は青少年へ、「生きざま」も示すことができないらしい。
　本書執筆中、「東京中央卸売市場の移転（築地から豊洲）に関する問題点」が発覚した。移転先である豊洲の建物が完成した時点で、建物の地下の盛り土は手抜き、さらに、地下の土壌と地下水は汚染されていることが、判明した。
　「東京中央卸売市場の移転」を決定した石原慎太郎元東京都知事は、記者会見で質問され、以下のように回答した。

　　最終決定はしたが、途中の経過については、副知事
　　に任せていたので、知らない。

　筆者はこの言葉に呆れ、まさに「政治家の無責任さ」を見た。
　「最終決定者は、途中を含め全ての責任を負う」
ということではないのか。それ故に、一般の人々には信じられないほどの高い報酬を、都知事は受け取っている。
　石原氏はまた、「芥川賞受賞者であり、後に芥川賞選考委員」だったと、聞いている。ということは、当人の
　　　　　　「日本語レベル」
が明らかになり、同時に
　　　「平均的日本人以下の良心の持ち主」

ということも判明した。

　我が国における「政治家の無責任体質」というのは、現在だけではなく、過去に遡る。あの忌まわしい「ロッキード事件」で、裁判所は田中角栄元首相に、有罪判決を下した。公判中、証言を求められた関係者は
　　　　「存じません」、「記憶にございません」
を繰り返した。

　話を元に戻そう。

　岡田多行氏（NHK知財展開センター・アーカイブズ　図書担当）運転の「車」は、交通取り締まり警察官（筆者）から、「スピード違反（日本語の誤用及び外国語教育への妨害）」と、何度も注意された（著書3冊により）。それにもかかわらず、依然としてスピード違反のまま、もう何年間も走り続けている。

　これでは、障害物に激突するような大事故を起こし、車が大破するのはまちがいない。そして、それによる多数の被害者（NHK放送受信料支払者）への補償額は、莫大なものになるだろう。

　当然NHK関係者の懲戒処分のみならず、それ（「日本語の誤用及び外国語教育への妨害」により、日本語をだめにした）を見て見ぬふりをした、総務大臣と総理大臣の責任逃れはできまい。そして、国内外からは、「嘲笑の的」になるだろう。

まえがき

　本書は
　　　　NHK番組担当者の
　　　「日本語の誤用及び外国語教育への妨害」
を、明らかにする。

目　次

　　まえがき………*3*

I．NHK 番組担当者の日本語感覚………*17*

　　　　「テレビ番組」
　　（Eテレ）『きょうの健康』
　　（月〜木曜日の再放送→ 13：3 5 ~ 13：5 0)
　　担当の黒沢保裕氏と岩田まこ都氏………*22*

　　　　「ラジオ番組」
1．（ラジオ FM 放送）『歌謡スクランブル』
　　月〜土曜日→ 13：0 0 ~ 14：0 0
　　⑴　担当の逢地真理子氏………*28*
　　⑵　担当の深沢彩子氏………*33*

2．（ラジオ第 1 放送）『マイあさラジオ』
　　月〜日曜日→ 5：0 0 ~ 8：0 0
　　担当の
　　⑴　加藤成史氏………*35*
　　⑵　野村優夫氏………*40*
　　⑶　大久保彰絵氏………*51*
　　⑷　小倉実華氏………*55*
　　⑸　高市佳明氏………*59*

(6)　渡辺ひとみ氏………*61*

＊『マイあさラジオ』担当者の評価………*63*

3．(ラジオ第1放送)『ラジオ深夜便』
　　月〜日曜日→23：15〜5：00（翌朝）
　　(但し、筆者が聴取するのは終了前の15分間で
　　　　　　　　　　　　　　　　4：45〜5：00)

　1.「全体的」な問題点………*70*

　　1）放送用語「アンカー（anchor）」の誤用………*70*
　　　■1「編集された番組の案内担当」は
　　　　「アンカー（anchor）」ではない………*70*
　　　■2「朗読」は「アンカー（anchor）」の担当
　　　　ではない………*72*

　　2）自分の話す日本語を録音して聞きなおす、ある
　　　いは、文字に直して訂正することを怠けている
　　　ために起こる、「語句の重複」………*76*

　　3）外国の地名を紹介する時の不十分さ………*78*

　2.「複数の担当者が用いる語句」に関する問題点
　　………*80*

(1)「日本語」関連

「日本語 + カタカナ」

1) 「聞き語り + "for you"」
   「もの作り + "for you"」……… *80*

2) 「深夜便 + アーカイブズ（archives）」……… *81*

3) 「低山 + トラベラー（traveler）」……… *82*

4) 「墓参い + ラー（er）」……… *83*

「余分」

5) 「大人のリクエスト・アワー」……… *84*
6) 「音楽家でピアニスト」……… *84*
7) 「作家でエッセイスト」……… *85*
8) 「作家でスポーツ・ライター」……… *85*
9) 「俳優でタレント」……… *85*

「誇大表現」

10) 「〜 + エッセイスト」……… *85*

「説明が必要では」（？）

11) 「音楽関係」……… *86*

12)「マスコミ関係」………89
13)「〜 + プロデューサー」………90

(2)「英語」関連

「カタカナ発音」
1)「フルーティスト（flutist）」………92
2)「ギターリスト（guitarist）」………92
3)「シンガー・ソングライター
　　　　　（singer songwriter）」………93
4)「バイオリニスト（violinist）」………93

「語法」
5)「〜 + アーティスト（artist）」………94
6)「〜 + エッセイスト（essayist）」………95
7)「フード（food） + 〜」………96
8)「ジャズ（jazz） + 〜」………98
9)「ビンテージ（vintage） + 〜」………99

「文法」
10) 動詞の原形を文頭に置いた形………100
11)「名詞 + 名詞」の複合形………100
12) 文法的に不可能では（？）………101

(3) 「仏語」関連

「文法」
1)「ア・ラ・カルト（à la carte)」………103
2)「アンコール（encore）」………104
3)「ショコラティエ」………104

3.「個々の担当者が用いる語句」に関する問題点
　　………105
　　　　(1) 「日本語」関連

1) これでもプロの日本語放送番組担当者（？）
　　❶日本語の発音………105
　　❷日本語………112
　　話す内容に
　　　　❸（隔週で火曜日担当）大沼ひろみ氏
　　　　　　→「無知丸出し」………124
　　　　❹（隔週で水曜日担当）須磨佳津江氏
　　　　　　→「論理性なし」………128
　　　　❺（隔週で水曜日担当）村上里和氏
　　　（隔週で金曜日担当）桜井洋子氏
　　　　　　→「信頼性なし」………130
　　　　❻（隔週で木曜日担当）石澤典夫氏
　　　　　　→「自分の怠惰を示唆」………136

2) 聴取者軽視の日本語………*137*
　❶語句が長すぎて理解しにくい………*137*
　❷語句の意味が広すぎて曖昧………*139*
　❸理解できない日本語………*141*

　　(2)　英語教育への妨害

　1) 英語アルファベット及び英単語の発音………*150*

　2)「カタカナ発音」では伝わらない英単語
　　　………*164*

　3) 理解できない「カタカナ語」………*167*

　4)「カタカナ語」なしの自然な日本語………*175*

　5) 英語構文………*182*

4. 雑感………*186*

Ⅱ. NHK会長、総務大臣、総理大臣の大罪………*203*

Ⅲ. 筆者の独り言………*213*

1.「話し方の心得」を学んだのは

高校・大学の英語学習（？）………*215*

２．「わかっちゃいるけど止められねえ」は誰（？）
　　………*220*
　　1. 原子力発電所の再稼働………*222*

　　2. 文部科学省の
　　　「外国語としての英語教育行政」………*225*

　　　　1)「文部科学省検定済」の意義崩れたり
　　　　　………*225*

　　　　2)　言語教育の基本は
　　　　　「聞く・話す・読む・書く」………*236*

　　3. ＮＨＫの番組担当者………*241*

あとがき………*243*

Ⅰ. NHK番組担当者の日本語感覚

Ⅰ．NHK番組担当者の日本語感覚

　筆者は4年制大学で英語を専攻、高校の英語教育を30年間担当した。従って日本語の専門家ではない。しかしながら、我が国における外国語教育としての英語教育に、日本語教育が不可欠であることは、自覚していた。
　大学3年次、河上道生先生（当時教授）担当の「英文法論」を受講中、本論から少し外れた時に、先生が呟いた

　　日本文学作品の英訳を利用すれば、日英語の比較対照ができる。

を、筆者は聞き逃すことはなかった。そして、卒業後教員生活の中で実践した。
　在職中の30年間に読んだ日本文学作品の英訳は、約100冊。筆者の現在の日本語感覚は、それによって得られたものである。
　また筆者の放送に関する知識は、正式な教育機関で学んだものではない。在職30年間のうち11年間（1986年4月～1997年3月）は、福岡県立小倉西高校で放送部の助言をした。
　放送部員を何度もコンテストに引率し、その度、主催者側審査員の出場者への講評に耳を傾け、自分なりの「放送をする場合の心がけ」を確立した。
　それに加え、在職中、春・夏・冬期休暇中、NHK衛

星第1放送の『ジム・レーラー・Nアワー』と『ABC NIGHTLINE』を視聴し、アメリカ合衆国のテレビ番組担当者を観察した（退職後は『PBS NEWSHOUR』と『ABC NIGHTLINE』を、毎週月〜金曜日に視聴している）。

　このような経験から、NHKテレビ・ラジオ番組担当者の、日本語の問題点を指摘する。対象となった番組は、以下のものである。

「テレビ番組」
（Eテレ）『きょうの健康』
月〜木曜日→13：35〜13：50（再放送）

「ラジオ番組」
1．（ラジオFM放送）『歌謡スクランブル』
　　月〜土曜日→13：00〜14：00

2．（ラジオ第1放送）『マイあさラジオ』
　　月〜日曜日→5：00〜8：00

3．（ラジオ第1放送）『ラジオ深夜便』
　　月〜日曜日→11：15〜5：00（翌朝）

＊尚本文中の日本語の解釈は

『新明解国語辞典』(三省堂)

外国語の日本語訳や例文は

『ライトハウス英和辞典』(研究社)

(本文中、英単語の日本語訳で品詞の表示がないものは「名詞」)

『ラルース仏和辞典』(白水社)

『新コンサイス独和辞典』(三省堂)

から引用させて頂いた。

「テレビ番組」

（Eテレ）『きょうの健康』

（月～木曜日 13：35～13：50）

　2016年4月から担当している黒沢保裕氏は

毎日の健康に役立つ<u>確かな情報を</u>
お伝えする「きょうの健康」です。

と言って、番組を始める。
　確かに少し前、健康情報に関する民放の番組内容に誤りがあり、指摘された時点で中止になったことがあった。そのような番組と区別するため（「健康情報に関するNHKの番組内容には、誤りはない」ことを強調するために）、わざわざ
　　　　　　「確かな情報」
と言っているのだろう。
　ところが、健康情報は変わる。古いものでは、筆者の学生時代（小・中・高・大学生）の
　　　　水分摂取→日常生活では「控えめ」
　　　　　　　　体育の授業前後では「摂らない」
が現在では、例えば

マラソン・ランナーは走りながら
　　　　　「水分補給をしている」
　さらに、最近知ったことは
　　　擦り傷・切り傷の手当は→患部を乾燥させる
　　　　　　　　　　　　　　　↓
　　　　　　　　　　　　液状の薬も用いる
治療のために入院している患者は→安静
　　　　　　　　　　　　　↓
　　　　　　　　できるだけ早く動く動作を始める
のように変わっている。従って
　　NHK『きょうの健康』の内容も、数年後には
　　訂正になるかもしれない可能性は、考えられる。
あるいは
　　認知症へ移行する「アルツハイマー病」、脳血管の
　病気「もやもや病」、「突発性難聴」等は、現在のとこ
　ろ「原因不明」とされている。しかしながら、数年後
　には、その原因が発見されるかもしれない。
このようなことを考えると、わざわざ「確かな情報」と
言う必要はなく
　　毎日の健康に役立つ情報をお伝えする
　　　　　　　　　　　「きょうの健康」です。
で充分だろう。

　次に、毎週取りあげる内容（例えば疾病）について、
解説（あるいは説明）をするために出演している医療関

係の専門家を、番組の冒頭で
　お話頂きますのは
　　　　　　〜大学医学部教授の（姓名）さん。
(「お話<u>をして</u>頂きますのは」で、随分聞きやすくなる)
と言って、紹介する（これ以外の表現を聞いたことがない）。
　日本語を専門としない筆者でも

　　　（姓名）〜大学医学部教授
　　　〜大学の（姓名）医学部教授
　　　〜大学医学部の（姓名）教授
　　　に説明（あるいは解説）をお願いします。

と、「変化（variation）」を考える。
　また、番組の終わりには
（医療関係の専門家の姓）さん
　　　　　　　　今日はありがとうございました。
と言うが、筆者なら
（医療関係の専門家の姓）先生
　　　　　　　　今日はありがとうございました。
と言う。
　黒沢氏と同じ番組を担当する岩田まこ都氏は、番組に出演している〜大学医学部教授を
　　　　　　　<u>姓＋さん</u>
　　もう一人の番組担当者に話しかける時も

<u>黒沢さん</u>

と、「内と外の言葉の区別」がない。この方は、「家庭着と外出着の区別」を、しないのだろう。

＊『きょうの健康』「あなどれない近視」（5／31,'17）放送中、黒沢氏は

  私も岩田さんも、コンタクトレンズを
        使用しています。

と言った。これは

  今では、多くの人がコンタクトレンズを
        使用していると、聞いています。

と、言うべきだろう（放送受信料を徴収して行っている公共性の高い放送番組に、番組担当者は個人的なことを、差し挟むべきではなかろう）。

 NHK Eテレ番組『きょうの健康』担当者の、「日本語の誤用及び外国語教育への妨害」を、筆者が指摘するのは今度で3回目。

 最初は、『「英語と日本語」再考』（2014年2月刊）で
  濱中博久氏と久田尚子氏
 次は、『「英語一辺倒の外国語教育」をもうやめよう』
       （2016年7月刊）で
  桜井洋子氏
 そして今回本書で

黒沢保裕氏と岩田まこと氏
繰り返すことになるが、以下に問題点を纏める。

🟥「NHK内部の同僚も外部の人」も
　　　　皆「〜さん」と呼ぶ「礼儀知らず」

さらに、一般の方々が、医師や大学教授を、「〜さん」と呼ぶことは決してしない。ところが

🟥英語の "Dr. 〜"、"Prof. 〜"、"Mr. 〜"
　　等をすべて日本語の「〜さん」に置き換える

我が国の中・高校で6年間英語を学習しても
　　　"Dr. 〜"、"Prof. 〜"、"Mr. 〜"
　　　等の区別がつかない英語知識
が視聴者に伝わっても、恥ずかしくないらしい。そこにあるのは
　　「NHKの番組に出演させてやっている
　　　　　　　　　　　　ありがたく思え」
という番組担当者の傲慢さでは（？）
　これが、日本放送協会という、日本を代表するような公共性が極めて高い放送局の番組担当者の、作法と日本語。従って、我が国在住の外国人で、NHK Eテレ番組『きょうの健康』視聴者へは
　　「日本の礼儀知らずのみならず

英語の知識に関する日本の恥」
だろう。しかも、このような「日本語の誤用及び外国語教育への妨害」を
「番組担当者が交代しても継続している」
　もはや番組担当者のみならず、その監督責任者の「懲戒（免職を含む）処分」は、避けられないだろう。その事由は

　放送受信料支払者が、放送番組担当者の話す言葉に関する問題点を、指摘した。それにもかかわらず、無視し続け、長年放送受信料を徴収しながら、「日本語の誤用及び外国語教育への妨害」を継続している（問題点を指摘された時点で反論し、正当性が認められた場合は、「何事もなし」。その時点で誤りを認め、改めた場合は「懲戒処分」で済んだはず）。

「ラジオ番組」

1．(ラジオ FM 放送)『歌謡スクランブル』

(月～土曜日 13:00 ~ 14:00)

(1) 逢地真理子氏

番組担当者の一人、逢地真理子氏は

<u>プレイバック</u> 2000 年代 (5 / 15, '17)
<u>プレイバック</u>昭和主題歌集 (8 / 21, '17)
<u>プレイバック</u> 1960 年代 (1 / 9, '18)

と言った。これは
   動詞で play back → 再生する
   名詞で playback → 再生
という意味だろうか。
 入試教育を目的とする英語科教員なら、「プレイバック」は、何ら問題ではなかろう。ところが筆者のように、「コミュニケーションの手段としての英語教育」担当教員の場合は、大きな問題となる。
 福岡県立北九州盲学校高等部勤務 (1981 年 4 月～1986 年 3 月) の時、ティーム・ティーチング (team-

teaching）の相手は、アメリカ人 ALT（Assistant Language Teacher）の Mr. Stephen Long。彼は ALT にしては珍しく、ピアノを弾くことができた。

　ある時授業中、生徒との会話に以下のようなものがあった。

　　　Mr. L : Are you interested in music?
　　　　S : Yes, I am.
　　　Mr. L : Do you play any musical instruments?
　　　　S : Yes, I like to play the piano.
（君は音楽に関心がありますか）
（はい、あります）
（何か楽器を弾きますか）
（ピアノを弾くのが好きです）
ここで筆者が割り込み

　　　Mr. K: He plays the piano very well, I hear.
（彼はとても上手にピアノを弾くと、聞いています）
と言って、"play" が "pray" や "prey" にならないように

　"play" の [L] 音は、舌先を上の歯茎につけ、舌の両側から出す音。
　他方 "pray" や "prey" の [R] 音は、舌の中央を上げ、どこにも触れずに出す音。

と、丁寧に時間をかけて説明し、「コミュニケーションの手段としての英語発音の重要性」を示す。

逢地氏の「プレイバック1960年代」には、英語の[L]音は全く聞こえず、"pray back"や"prey back"になっている（一度録音して、聞いてみるがいい）。
　参考に
　"pray"の日本語訳は「自動詞」で→「祈る、祈願する」
　"prey"の日本語訳は「自動詞」で
　　　→取って食う、えさにする
　"back"の日本語訳は「副詞」で
　　　→後ろに[へ]、元の所へ[に、で]、元のように
　　　以前に、さかのぼって
　筆者には、"pray back"や"prey back"になった場合の日本語訳を、示す勇気はない。

　　NHKラジオFM放送『歌謡スクランブル』は、年配者向けの放送番組だから、心配はいらない。

と言う方がいるかもしれない。確かに高校生が一番耳を傾ける音楽は、「J-POP」だろう。ところが、盲学校の高等部普通科に所属する生徒達は、視力に障害を持っているせいか、普通高校に通学する生徒達に比べると、聴覚に頼る活動範囲が広い。
　筆者が福岡県立北九州盲学校高等部に勤務した5年間、女性演歌歌手の木村友衛さんが歌った『浪花節だよ人生は』が、流行していた。休み時間に、この歌を口ずさんでいた男子生徒がいて、驚いたことがあった。まち

がいなく、『歌謡スクランブル』のような歌謡番組に、耳を傾けていたのである。

　英語の [L] 音と [R] 音の区別がつかない逢地氏に関する問題点は続く。

　　　　　　「春色コレクション」(3 / 5, '18)
　　　　　　collection あるいは correction（?）
　"collection" の日本語訳は
　　　　　　　→ 収集物、採集物
　　　　　　　　　(金などの) 徴収、取り立て
　　　　　　　　　(ごみや郵便物などの) 回収
　"correctionn" の日本語訳は
　　　　　　　→ (間違いの) 訂正、修正

逢地氏は、中学 1 年次に英語の授業で
　Do you play tennis?（あなたはテニスをしますか）
を学習しているはず。それ以降、高校を卒業するまで

　　　　　　　Do you play tennis?
　　　　　　　　　　↓
　　　　　　　Do you pray tennis?

としたのだろうか（？）動詞 "play" は、以下のように「他動詞」としての用法が多い。

　　　　(競技・勝負事・遊びなどを) する
　　　　　→ play baseball, play chess, play catch
　　　　(楽器・曲を) 演奏する
　　　　(ある作曲家の) 曲を演奏する

→ play the piano, play a piece of music
（レコード・テープ・ラジオなどを）かける
　→ play the tape[record]
（試合で）...の役割をする
（あるポジション）をつとめる、守る
　→ play shortstop in the game
……と試合 [勝負] をする
　→ play ...a game of chess
（実生活で…の役割を）果たす、つとめる
　→ play the hostess
（役・場面を）演じる
　→ play the part of ...
（子供が）……（のまね）をして遊ぶ
　→ play school[house]

従って、これらの "play" を、全て "pray" で通してきたのだろうと、推測できる。言い換えれば、逢地氏の中・高校６年間の英語学習は

　　　　「黙読による入試のための英語学習」

だったのだろう。

　「〜年代の歌・特集」（あるいは「特集・〜年代の歌」）
　「春の歌・特集（あるいは「特集・春の歌」）
と言えば、何の問題もなかろう。

（2）深沢彩子氏

『歌謡スクランブル』担当者のもう一人、深沢彩子氏は

　（番組内容）「リクエスト特集」への「リクエスト曲」を募集します。その際葉書に、「リクエスト曲とともに、その曲にまつわるエピソードもお書き下さい」

と言う。
　英単語 "request" には既に
　　　→（レコードなどの）リクエスト曲
という意味がある。さらに「まつわる」というのは
　　　→からみついて、離れないでいる
英単語 "episode" の日本語訳は
　　　　→挿話的な出来事 [事件]
　（劇や小説中の）挿話、連続ドラマ [小説] の１編
「挿話」の意味は
　　本筋と直接関係の無い短い話。談話の途中に織り込んで、聞き手の緊張をほぐしたり、退屈を防いだりする。
　　それでは

　　「リクエスト曲とともに、その曲にまつわる

　　　　　　　<u>エピソード</u>もお書き下さい」

の下線部は、どのような日本語になるのだろうか。

＊番組名『歌謡スクランブル』の、「スクランブル」は、どのような意味だろうか。
　"scramble"の日本語訳は
　　　　　→よじ登ること、はい上がること
となっている。

Ⅰ．NHK番組担当者の日本語感覚

2．（ラジオ第1放送）『マイあさラジオ』

（午前5時～8時）

（1）加藤成史氏（隔週で月～金曜日担当）

　加藤氏に関する、日本語放送番組担当者としての問題点を、以下に指摘する。

　　　　　「日本語関連」

　朝5時の時報の直後
「高市、渡辺両キャスターが夏休みのため
　　　加藤成史と小倉実華が担当します」（8／13，'17）

　おそらく、高市、渡辺両氏の「年次有給休暇による夏休み」だと思われる。筆者の常識では、「年次有給休暇の場合、その理由は問わない（言わない）」。それは、「年次有給休暇は、勤める人の持つ貴重な権利」と、考えるからである。
　我々は病気にもなるし、親族間の冠婚葬祭に関するつき合いを、避けることはできない。そのような場合、「年次有給休暇を遠慮せずに行使できる」ように、普段から

35

心がける必要がある。

　筆者は高校教員として、30年間勤務した。年次によって、「ホームルーム担任」の時もあれば、「副担任」の時もあった。「ホームルーム担任」が年次有給休暇で休んだ場合、「副担任」としてそのホームルームに行く。そして、生徒の出欠確認、連絡事項を伝え、「今日、担任は休みです」とだけ、つけ加えた。

　我が国には、警察官、消防士、公共交通機関の乗務員のような職業に就いている方々が、多数いる。そのような方々は、「まとまった日数を夏休みとして過ごす」ことなど、できないだろう。NHKラジオ第1放送番組『マイあさラジオ』の、聴取者かもしれないそのような方々に

　　「高市、渡辺両キャスターが夏休みのため～」
と言える感覚が羨ましい。まさに
　　　　　　　「世間知らず」
がぴったり。

　　　　　『健康ライフ』(月～金曜日
　　　朝5時37分位から約10分間位)
「神経内科はどんな科（？）」　　　　　　　(6 / 19, '17)
と言ったが、次の日から
　　　　「こんな時には神経内科へ」
に変えた。

　筆者ならめんどうでも

「神経内科とは、どのような症状を
　　　　　　　　　診察するところ（？）」
と言う。

　加藤氏の「カタカナ発音」で、聴取者に、以下のような英単語が伝わるだろうか（？）

　『社会の見方・私の視点』（月〜金曜日、朝6時43分
　　　　　　　　　位から約10分間位）
■1「人工時代とフェイク・ニュース」　　（6／6，'17）
　　　　　　fake（偽の） news
NHK衛星第1テレビ番組『PBS NEWSHOUR』を視聴している筆者は
　　　　　fake news あるいは fabricated news
と、推測した。

■2「プレミアム・フライデイ」　　　　　（11／24，'17）
　　　premium　　　Friday
　毎月最後の金曜日は、勤務時間短縮で、通常より早めに職場を出て、個人的な時間に充てる（趣味、買い物など）目的らしい。
　"premium" の日本語訳は
　　　　→保険料、割増金、賞金、特別賞与
　"Friday" の日本語訳は「金曜日」だから、説明が必要。

3「家族の介護をする若者・ヤングケアラー」
$$\text{young} + (?)$$
$$(12 / 21, '17)$$
"young" の日本語訳は「形容詞」で→「若い、年下の」
"care" の自動詞としての日本語訳は
　　　　→気にかける、気にする
　　　　　　　　　+
　　　　　　　　　er
（動詞につく名詞語尾）→「……する者」の意
としたのだろうが、手元の英和辞典によれば
　動詞 "care" から名詞 "carer" への転換はできない。

4「福島の復興は、いかなるステージにあるのか」
$$\text{stage} \quad (1 / 4, '18)$$
"stage" の日本語訳は
　　　　→（発達・発展の）段階、時期
従って
　　「福島は震災から、どの程度復興したのか」
という意味だろう。

5「ダボス会議に見る日本のプレゼンス（？）」
$$\text{presence} \quad (1 / 30, '18)$$
　加藤氏は、どのような英単語をカタカナ語に変えて発音しているのかを、しっかり意識しているのだろうか。「プレゼンス」の最後の「ス」音がはっきりせず、筆者

は "presence" と推測した。

  "presence" の日本語訳は
    →（ある場所に）居合わせていること、出席、存在

6 「オリンピックに見る
              日本のディプロマシー」　（2 / 14, '18)
                    diplomacy
"diplomacy" の日本語訳は
        →外交、外向的手腕、駆け引き

7 「デジタル・エコノミー時代の見方」（2 / 26, '18)
        digital economy
"digital" の日本語訳は「形容詞」で
        →数字で計算する、指の、指状の
"economy" の日本語訳は
        →[しばしば the 〜]（国・社会・
                      家庭などの）経済

8 「リカレント教育の必要性と課題」　　（3 / 2, '18)
        recurrent
"recurrent" の日本語訳は「形容詞」で
        →再発 [再現] する、周期的に起こる
従って
      「定期的な再教育の必要性と課題」
という意味だろうか。

(2) 野村優夫氏（隔週で月〜金曜日担当）

　野村氏に関する、日本語放送番組担当者としての問題点は、既に前著『「英語一辺倒の外国語教育」をもうやめよう』（2016年7月刊）で指摘している。従って、以下はその続きとなる。

　野村氏は、5時の時報の後
　　1 お早うございます。
　　2 5時になりました。
　　3 日付
　　4 マイあさラジオ
　　　野村優夫と小倉実華がお伝えします。
　　5 その時の話題
　　6 「この時間のニュースは
　　　（例えば）谷地健吾アナウンサーです」
の順に話す。**6** の個所を一度録音して、聞きなおしてしてみればいい。その「ぎこちなさ」から筆者は、野村氏は充分発声を行ってから、本番を始めているのだろうかと、疑っている。

　筆者は高校教員として勤務した30年間のうち、11年間放送部の助言をした。高校生の放送部員でさえ、日本語を話し、読む部活動を始める前には、充分な発声練習をしてから始める。

Ⅰ．NHK番組担当者の日本語感覚

あ・い・う・え・お……わ・ゐ・う・ゑ・を
きゃ・きゅ・きょ…………りゃ・りゅ・りょ
ぎゃ・ぎゅ・ぎょ…………びゃ・びゅ・びょ
　　　　　　　　…………ぴゃ・ぴゅ・ぴょ
A・B・C………………………………X・Y・Z

　これを、部員全員が輪になって、校庭の隅で数分間繰り返す。そして充分声がでるようになった時点で、放送部室に戻り、話す、読む（大抵、放送コンテスト用の課題となっている、現代文学作品の一部分）。

　プロの英語教育担当者として、筆者がどのように授業の準備をしたのかを（講読の教科書を担当する場合）、以下に示す。

■1 英語を母国語とする人のモデル・リーディングが録音されている、教科書付属のカセットテープを聞く。
■2 アルファベットの各音が崩れない程度に、一気に続けて「A～Z」を2～3回発音する（[B]音と[V]音、[L]音と[R]音、[M]音と[N]音等の区別を、口で確認するためである）。
■3 同じ教科書で、同じ学年のクラスを大抵2～3担当するので、最初のクラスの授業の前には、少なくとも1回教材を音読する。

　教員が学習者から、放送番組担当者が視聴者から

「発声不足ではないか」
と指摘されたら
「もう教員、放送番組担当者としては不適格」

　野村氏は、6時43分くらいから始まる『社会の見方・私の視点』で、2016年12月12日月曜日、対談相手の高橋和夫放送大学教授への挨拶を

　　　　　高橋さん、おはようございます。
と言い、相手も

　　　　　野村さん、おはようございます。
と言って、番組が始まった。

　筆者がこの番組に耳を傾けるのは、いろいろな分野における専門家の方々の考えを、聞くことができるからである。

　何の分野における専門家でもないNHKの番組担当者と、お互いに「～さん」と呼び合うレベル（水準）の方の考えに、耳を傾ける必要があるだろうかと、思ってしまった。番組の担当者が、番組で話をする方のレベルを下げていることに、気づかないらしい。

　野村氏の用いる敬語に関する問題点を、もうひとつ付け加える。

　2017年11月13日～17日放送の『健康ライフ』（5時37分くらいから約10分間）は、「ヘルス・リテラシー（health literacy）を高めるために」という内容で、郡星

Ⅰ．NHK 番組担当者の日本語感覚

沖縄臨床研究センター長で、徳田安春総合診療医師との対談だった。

　番組が始まる直前、対談相手を「徳田康春さん」と紹介した。録音された番組の中では、「先生」と言っている。おそらく、目の前に着席している医師に向かって、「先生」と言わざるを得なかったのだろう。

　　　同一人物への敬称も定まらない、言い換えれば
　　　　　"Dr. ～ " と "Mr. ～ " を混同する
　　　　（区別がつかないのでは？）言語感覚
で、なぜ NHK の番組が担当できるのだろうか。

　また野村氏は、『社会の見方・私の視点』や『健康ライフ』に出演の方との、対談の成り行きを前もって、予想しているものと思われる。引用元も示さずに、「～だそうですね」と言って、相手を自分の意図する方向へ導く。

　ところが、話の成り行きが自分の予測していたのと異なる方向になりそうになると、イラダチを表し始め、それが聴取者に伝わる。

　放送番組の担当者が対談を行う時は、「相手が思う存分自分の考えを発表できるように導く」のが、役割だろう。従って、対談の相手が自分の発言を、躊躇するような質問は、避けるべきではなかろうか。

　例えば、『社会の見方・私の視点』で、火曜日出演の経済評論家の内橋勝人氏、水曜日出演の金子勝慶應義塾大学教授が、自民党政権の経済や財政政策に賛成の考え

を示すとは、考えにくい。従って、番組担当者として、そのような方々には、自民党政権の経済や財政政策とは異なる考えを、充分発言できるように、対談を進行すべきだろう。

　筆者は出演者の考えを、全面的に受け入れるわけではない。それとは反対の考えを持つ方も、また出演されるだろう。従って、両者の考えに耳を傾けた後、自分の考えを組み立てることにしている。

　参考になる例をあげよう。NHK衛星第1テレビ番組『PBS NEWSHOUR』では、アメリカ合衆国が直面する問題を取りあげ、その解説を専門家がスタジオで行う。その進行役は Ms. Judy Woodruff（1対複数になることが多い）。例えば

　　中東のイラクでは、湾岸戦争で独裁者サダム・フセインが倒れた後、ここ数年でIS（Islamic State）が勢力を伸ばし、非人道的行為が報道されている。またイラク中央政府の支配が届かないとも報道されている。このような問題を解決するためには

1 再度アメリカ軍地上部隊を派遣して、問題解決を図らなければ、長引くだけである。

2 イラク戦争での教訓から、アメリカ軍地上部隊は派遣すべきではない。あくまでこの問題解決は、イラク政府のもとで解決すべきである。

の立場をとる複数の考えを聞く。発言者は相手を牽制しながら、思う存分自分の考えを発表できるように Ms. Judy Woodruff は導く。

　大抵終了予定時間内に結論に達することはないので、「残りの時間（大抵残り〜秒」を伝え、「今日はこのあたりまでにしておきましょう（Let's leave it there.）」と言って、番組を終了する。

　ついでに、Ms. Judy Woodruff は、自分の発言とそれ以外を区別するために、必ず引用を意味する "quote" を入れる。参考にすべきだろう。

　野村氏の「用いる語句」に関する問題点を、以下に指摘する。

「日本語関連」
『社会の見方・私の視点』

■1「ギジョウに赤ちゃんを」　　　　　（11 / 27, '17）
　　　議場（？）
いきなり「ギジョウ」と言われ、筆者は全く理解できなかった。「〜議会の会議場」と言う配慮が必要だろう。

■2 中央大学総合政策学部教授ヒラノススムさんは
　　　「自動運転の倫理について考える〜の
　　　　　　責任者であられます」（11 / 30, '17）

筆者は、このような日本語を初めて聞き、驚きました。

3（対中国政策）に関し
　　　　「1対1のキョウリョク・シシン」（12/12, '17）
　　　　　協力指針（？）
聴取者にとって、「協力指針」を聞きとるのは、極めて難しい。

4「テイアン・ケイエイ・ギョウシャ」（3/21, '18）
　　　提案経営者（？）

野村氏のカタカナ発音で、聴取者に、以下のような英単語が伝わるだろうか（？）

　　　　　　『健康ライフ』
1「ヘルス・リテラシーを高めるために」（11/13, '17）
　　　　health　　literacy
"health" の日本語訳は
　　　→健康、（体が）丈夫なこと、健全
"literacy" の日本語訳は
　　　→読み書きの能力、識字能力
説明がなければ、理解は難しい。

2「インフォームド・コンセント」　　（11/16, '17）
　　　　informed　　　consent

"informed" の日本語訳は「形容詞」で
　→知識 [学識] のある、(……の) 情報に明るい
"consent" の日本語訳は
　→同意、承諾、(意見・感情の) 一致
よほど英語らしく発音しなければ、意味は通じない。

　　　　　　『社会の見方・私の視点』
■1 対談の相手は
「ファクト・チェック・イニシアティヴ・
　fact　　　　check　　　　initiative
　　　　　　　　　　ジャパン代表」　(11 / 16, '17)
　　　　　　　　　　Japan
　"fact" の日本語訳は
　　　→事実、実際にあったこと、現実の話
　"check" の日本語訳は
　　　→照合、点検、検査、試験
　"initiative" の日本語訳は
　　　→主導権、率先
(新しいことを始める) 能力、独創力、進取の精神
「政治家や有名人の発言、書いた内容を点検する団体」
らしいが、カタカナ語を聞いただけでは、理解しにくい。

■2 「タックス・ヘイヴン」　　　　　(11 / 29, '17)
　　　　　tax　　　haven
　"tax haven" の日本語訳は

　　　　　→避税地（外国企業に有利な低課税の国）
　　　　　税金逃れの場所
　"haven"と紛らわしい英単語"heaven"（日本語訳は「天国、楽園、極楽」）があるので、よほど英語らしく発音しなければ、意味は通じない。

3 対談の相手は
「情報公開クリアリング・ハウス理事長」　（12 / 1, '17）
　　　　　　　　clearing house（？）
　この場合
　"clearing" →「清掃、障害の除去」
　"house" →「（特別な目的のための）建物」
という意味だろうか。

4 女性議員の割合を示す
　　　　カタカナ語「クウーター（？）」　（2 / 19, '18）
は聞き取れなかった。

5 「薬物依存とハーム・リダクション」　（2 / 20, '18）
　　　　　　　harm　　　　reduction
　"harm"の日本語訳は
　　　　→害、傷害、危害、害悪
　"reduction"の日本語訳は
　　　　→少なく[小さく]すること、縮小、縮小量[額]
　　　　　割引、値下げ、値引き額[量]

（地図・写真の）縮小したもの、縮図
　従って
　「服用する薬の量を減らし、副作用を少なくする」という意味だろうか。

　6（主権者教育）に関し、対談の相手は
　　　　　「ユース・クリエイト代表」（2 / 22, '18）
　　　　　　　youth（?）　create（?）
　この場合
　"youth"の日本語訳は
　　　→青年時代、青春（期）
　　　（しばしば軽蔑的に）若者、青年、若造
　　　若さ、若々しさ、元気、血気
　　　若い人たち、青年男女
　"create"の日本語訳は「他動詞」で
　　　　　→（新しいもの・独創的なものを）
　　　　　　創造する、創作する、作り出す
　　　　　（神・自然などが）創造する
　　　　　（新事態・騒動などを）引き起こす
　これらをどのように組み合わせるのだろうか（？）
　　　youth（不可算名詞）と create（動詞の原形）は
　　　　　　主語（？）＋ 述語動詞（？）
とはできない形では（？）

　30年間の英語教育担当者、またNHKの放送受信料

支払者の一人として、筆者が許すことのできない野村氏の日本語（？）を、以下にあげる。

　　白井さゆり慶応義塾大学総合政策学部教授との対談で
「スウェーデンに見る<u>サツレス社会</u>」　　（5／30 , '17）
　　　　　　　日本語の<u>札</u>
　　　　　　　　　＋
英語の名詞につく形容詞語尾 <u>less</u>（「……のない」の意）
　　　　　　　　　↓
　　　　　現金を使用しない決済法（？）

経済評論家森永卓郎氏との対談で
　　「<u>エム</u>　＆　<u>エイ</u>をする（？）」　　（5／31 , '17）
　　　　↓　　　　↓
　　　merge（？） absorb（？）
　　　合併する　　吸収する

Ⅰ．NHK番組担当者の日本語感覚

（3）大久保彰絵氏（隔週で月～金曜日担当）

　大久保氏に関する、日本語放送番組担当者としての問題点を、以下指摘する。

「カタカナ語関連」

1「まち作りプロデューサー」　　　（10 / 14, '16）
producer
と紹介して、話をしたのは
カフェ（仏語の cafe ?）店主の影山知明氏
だった。
　まず、ラジオ放送で、「まち作り」などという言葉は、用いるべきではなかろう。なぜならば聴取者にとって
「<u>町</u>作り」と「<u>街</u>作り」
の区別がつかない。
　「まち」には、以下のようにふたつの意味があり
　　町→人家が集まって大きな区画となっている<u>土地</u>。
　　街→商店などが表通りに集まって、一区画をなしている土地。
と区別しているので、どちらだろうか。
　さらに、手元の英和辞典によれば "producer" の日本語訳は
　　　→劇や映画などのプロデューサー、製作者
となっている。
　コーヒー店、あるいは喫茶店の経営者は、自分の経営

方針や経営状態については話すことはできる。しかしながら
　　　町あるいは街をどのように作るのだろうか。
筆者には理解できない「日本語」。

2「メディア・アクティビスト」　　　(4 / 14 , '17)
　　　　　media　　　　activist　　　(5 / 26 , '17)
「メディア・アクティビスト」と言って、紹介したのは津田大介氏。
　それぞれの日本語訳は
"media"（mass media）→「大衆伝達の手段
　　　　　　　　　　　　マスメディア、マスコミ機関」
　　　　　　　　　　　（新聞・テレビ・ラジオなど）
"activist" →「活動家」
となる。一体どのような仕事をするのだろうか。

3 スエーデンで始まった
　　　「ワーク・ライフ・バランス」を向上させよう。
　　　　　work　　　life　　　balance　　(10 / 11 , '17)
「ワールド・レポート」の中の説明で、「6時間労働制」や "flextime"（出勤・退社時を従業員が選択できるシステム）があったので、大体の意味は理解できた。しかしながら、これくらいの長さの「カタカナ語」の場合、工夫が必要では（？）

Ⅰ．NHK 番組担当者の日本語感覚

　大久保氏がカタカナ発音で紹介する英語の曲名、歌手名等は、理解するのが極めて難しい。ようやく理解できたが、問題点のあるものを幾つかあげる。

１（スーパーフライの歌）で「ビューティフル」
　　　　　　　　　　　　　　　　　　　（3 / 30 , '17)
と言った。
　　　　　　ビューティフル→ beautiful
はこれでいいと思うが
　スーパーフライは、"super+fly" と "super+fry"
の両方考えられる。どちらだろうか。

２（久保田利伸さんの歌）で
　　　　　　　「ラブ・レイン」　（6 / 7, '17)
　　　　　　　　↓　　　　↓
　　　　　love（愛する）rain（雨）
　　　　　rub（こする）　lane（小道、車線）
どのように解釈するのだろうか。

３（小比類巻かほるさんの歌）で
　「ホールド・オンツ・ミー（？）」（10 / 26, '17)
「ホールド・オンツ・ミー」というのは
　　　　　　　　Hold onto me.
　　　　　（私を捕まえておいて）
ということだろうか（？）これは難しい。

53

4 (ザ・コレクターズの歌) で「世界を止めて (?)」
　　　The　collectors (?)　　　　　(11 / 22, '17)
"collector" の日本語訳は
　→集める人、収集家、採集者、集金人

5 (小泉今日子さんの歌) で「フェイド・アウト (?)」
　　　　　　　　　　　　　fade-out (1 / 31, '18)
"fade-out" の日本語訳は
　→《映画・テレビ》溶暗
　　（音が）次第にぼんやりすること
これは、聞き取るのが極めて難しい。

6 (フィシマンの歌) で「メロディ (?)」 (3 / 15, '18)
　　　　　　　　　　melody
「漁師あるいは漁夫」を意味する英単語は
　　　"fishman" ではなく
　　　"fisherman"

(4) 小倉実華氏（隔週で月～金曜日担当）

　小倉氏に関する、日本語放送番組担当者としての問題点は、既に前著『「英語一辺倒の外国語教育」をもうやめよう』（2016年7月刊）で、指摘している。従って、以下はその続きとなる。

　小倉氏がカタカナ発音で紹介する英語の曲名、歌手名等は、理解するのが極めて難しい。ようやく理解できたが、問題点のあるものを幾つかあげる。

■ (曲名)「ラビリンス（？）」　　　　　(7 / 24, '17)
「ラビリンス」は、「迷宮、迷路」を意味する英単語の"labyrinth"のことだと思われる。これは、筆者の避けたい英単語のひとつ。その理由は

　　　ひとつの英単語の中で、日本語にはない
　　[L] 音→（舌先を上の歯茎につけ、舌の両側から出す
　　　　　　音）と
　　[R] 音→（舌の中央を上げ、どこにも触れずに出す音）
　　　　　　を、先頭と中央でまず区別しなければならない。
　　そのうえ、終わりの位置で、これも日本語にはない
　　[TH] 音（舌先を上の前歯の裏にかるくあてて、その
　　　　　　すき間から息を出す音）。
　　を出さなければならない
からである。

筆者なら
　　音楽です。曲は "labyrinth" で日本語訳は「迷宮」。
　　迷は「迷うの迷」、宮は「お宮参りの宮」です。
と言う。
　これを小倉氏は、「ラビリンス」というカタカナ語で、片づけてしまった。

　2️⃣（マドンナの歌）で「ハング・アップ（？）」
　　　　　　　　　　　　　　　　　　(8 / 16, '17)
「ハング・アップ」というのは、英語の "hung up" のことだろうか。"hung up" の説明は難しいし、時間を要する。
　"hung up" の "hung" は、動詞 "hang" の過去分詞形。
　"hang" の日本語訳は「他動詞の場合」
　　　　→掛ける、つるす、下げる
　通常、他動詞の過去分詞形が英文の文頭に置かれた場合、"being" を補い

　　　　　　　<u>Being</u> hung up
とする。
　そして辞書を引くと
be hung up on[about]...
　　　　　　　→…のことが気がかりの種である
　　　　　　　　…にとらわれている
　　　　　　　　…に夢中になっている
という説明になっている。ところがマドンナの曲名は "hung up" のみだから

be hung up <u>on [about]</u>...

の下線部を除き、日本語訳は

　　　　気がかりの種、とらわれ、夢中

となるのだろうか。

　これも小倉氏は、「ハング・アップ」というカタカナ語で、片づけてしまった。

3 (バードの歌) で「髪を解いて」(9 / 4, '17)

　　　Byrd (？)

　英単語 "Byrd" と "bard" の発音の区別ができるのならば、このような英語名の歌手を紹介すればいい。

　"Byrd" は "bird"（鳥）と同じ発音で [bə́ : d]

　"bard"（詩人）の発音は [báːd]

4 (藤井フミヤさんの歌) で

　　　　　「アナザー・オリオン」(11 / 30, '17)

　　　　　another　　Orion

日本語訳は

　　　　もうひとつのオリオン座《星座》

となるのだろうか (？) それにしても、"ano<u>the</u>r" の下線部の発音はひどかった。

　　　英語の [ð] 音と [Z] 音は全く異なる

ということを知らないのだろう (？)

5 (ザ・タイガーズの歌)で「ラブ・ラブ・ラブ(?)」
　　　The　tigers　　　　　　　　(1 / 24, '18)
"rub"(名詞で「摩擦」)ではなく"love"(名詞で「愛」)だと思われるが、このことを、どのように聴取者へ伝えるのだろうか。

(5) 髙市佳明氏（土・日曜日担当）

2016年4月より担当になった髙市佳明氏は、「甲高い声でマイクの前ではしゃぐ」というのが、筆者の第一印象だった。そのために、一カ月ほど「タカイチ・ヨシアキ」というのが、聴き取れなかった。

筆者は在職30年間のうち11年間、福岡県立小倉西高校で放送部の助言をした。甲高い声の新一年生（高校一年生）が、放送部に入部した時は

　言葉を話したり、読んだりする時、甲高い声は重い声に比べ、どうしても聞く人への信頼度が低くなる。
　部活動としてならかまわないが、放送コンテストに出場しての入賞は、難しいだろう。
　それは丁度、スポーツのバスケットボールやバレーボールのことを、考えれば分かりやすい。趣味や健康のためなら、バスケットボールやバレーボールは、誰でも参加することができる。しかしながら、選手になるためには、「身長」が必ず要求される。

と、説明する。それでも入部するのであれば、歓迎する。なぜなら、放送部員としての活動は、言葉を話し、読むだけではない。放送器具を正しく取り扱うことは、大変面白いからである。

髙市氏に関する問題点をもうひとつ指摘する。

アナウンサーの高市佳明です。
と自己紹介をしたすぐ後
　　　この時間のニュースは、～アナウンサー。
と言う。担当する番組が終わるまで、何度「アナウンサー」という言葉を用いるのかを、録音してみたらいい（当にNHKの「アナウンサー病の重症患者」。詳しくは拙著『「英語と日本語」再考』参照）。番組の中では、「アナウンサー」という言葉は、一度も使わなくてもいいはず。

（6）渡辺ひとみ氏（土・日曜日担当）

『マイあさラジオ』（土・日曜日を担当する）もう一人は、渡辺ひとみ氏。渡辺氏の話す日本語の一個所がどうしても理解できなかった。それで、NHK北九州放送局へ問い合わせたところ、以下のような返事だった。

「サエキけんぞうの素晴らしき <u>80's</u>」
下線部の"<u>80's</u>"というのは、英文の話し言葉の中でさえ、聞きとるのは難しい。

He is in his 80's.（彼の年齢は80代です）
の場合、前後関係や外観がなければ、理解は難しい。音声のみの日本語で、下線部が聴取者に伝わるとでも、思っているのだろうか。

また渡辺氏は、「サタデイ・エッセイ」としばしば言うが、これは英語で

Saturday essay

とするのだろうか。

英文法における「複合語」の場合、どの語を強調するかによって、「意味が異なる」。例文としてしばしば用いられるのは

a dáncing girl →踊り子

a dancing gírl →踊っている女の子

従って

Sáturday essay

　→他の曜日ではなく、土曜日のために準備され

たエッセイ（？）
　Saturday éssay
　　→「内容が土曜日」に関するエッセイ（？）
と筆者は解釈する。渡辺氏はどちらを意味するのだろうか。

Ⅰ．NHK番組担当者の日本語感覚

※『マイあさラジオ』担当者の評価

　加藤成史氏（隔週で月～金曜日担当）
「放送番組担当者の話す日本語は、カタカナ語が
　できるだけ少ない方が、聴取者には理解し易い」
ということが、全く理解できていない。

　野村優夫氏（隔週で月～金曜日担当）
　放送番組担当者としての基本（どのような場合でも、
　　　　　中立的立場）が、理解できていない。

＊加藤、野村両氏の共通点として
　番組で対談の時、相手の
　　　　"Dr. ～"、"Prof. ～"、"Mr. ～"
等を、すべて日本語の「～さん」に置き換えるという「礼儀知らず」。その理由は
　　　一般の方々が、医師や大学教授を
　　　　　　　「～さん」と呼ぶことは決してない。
からである。そこにあるのは
　　　「NHK の番組に出演させてやっている
　　　　　　　　　　　　　　ありがたく思え」
という番組担当者の傲慢さでは（？）

＊参考に、NHK 衛星第 1 テレビ番組『PBS NEWSHOUR』担当者の一人 Ms. Judy Woodruff は、インタビュー

(interview) の時、相手には必ず敬称を添え、例えば
　　　Dr. 〜、Prof. 〜、Secretary 〜
と言い、相手の方が Ms. Judy Woodruff の注意を引く時は
　　　Judy（Ms. Judy Woodruff のファースト・ネーム）
と言っている。

　高市佳明氏（土・日曜日担当）
　　　　放送番組担当者としての適性に欠ける。

　大久保彰絵氏（隔週で月〜金曜日担当）
　小倉実華氏（隔週で月〜金曜日担当）
　渡辺ひとみ氏（土〜日曜日担当）

３氏共通で
中・高校６年間の英語学習は
　　　「黙読による入試のための英語学習」
だったのだろう。そのために
　　　「英語実用知識はほぼゼロに等しい」
と推測できる。その理由は
　番組の中で用いる英単語をカタカナ発音で、あるいは、英語の曲名をカタカナ発音で紹介する。筆者には、そのカタカナ発音による英単語が、ほとんど理解できない。

＊番組の中で外国の音楽が組み込まれている時、聴取

者は

　　曲名、歌手名、演奏者名等のみならず、歌詞までも理解できないまま、聞かされている。

というのが現状だろう。

　今の時代、日本語放送番組担当者にも、英語アルファベット及び英単語の正確な発音、それに短い英文の正確な読み方が要求される。もし筆者が、日本語放送番組担当者採用の責任者であれば、以下の資料を準備する。

母　音

[boat] と [bought]

Did you buy a boat?　— Yes, I did. I bought a new boat.

(ボートを買いましたか)

(はい、新しいボートを買いました)

[hat] と [hot]

When do you wear a hat?　— When it's hot.

(あなたはいつ帽子をかぶりますか)

(暑い時です)

[live] と [leave]

Where do you live?　— I live in Tokyo. But I must leave very soon.

(お住まいはどこですか)

(東京です。しかし、私はすぐ出発しなければなりません)

[lock] と [luck]

I wish we had a good lock. ― （いい錠があればいいのだが）

I wish we had a good luck. ― （運がよければいいのだが）

[pool] と [pull]

Where is the indoor pool? ― It's in this building. Please pull this door.

（室内プールはどこですか）

（この建物の中です。このドアを引いて下さい）

子　音

[B] と [V]

This berry is very good. ― （このベリーはとても美味しい）

This vest is the best. ― （このチョッキは最高品です）

[F] と [H]

He feels his heels heal. ― （彼のかかとは回復しています）

[L] と [R]

Do you play on Sunday? ― Yes, I do. But I also pray on Sunday.

（あなたは日曜日に遊びますか）

（はい遊びますが、お祈りもします）

> [S] と [SH]
>
> She sells seashells by the seashore.
>
> (彼女は海辺の近くで貝を売っています)
>
>
> [S] と [TH]
>
> I think the ship is sinkng. ―(船は沈んでいます)

 この程度(高校卒業程度)のものであれば
　　「正確な発音のみならず、スラスラ読めること」
も要求される。

3．(ラジオ第1放送)『ラジオ深夜便』

(毎日午後11時過ぎから翌朝5時まで)
(但し筆者が聴取するのは終わりの15分間で
2015年9月〜2018年3月のもの)

担当者一覧表

(1) 隔週で月曜日担当の明石勇氏
   (2017年3月まで)
(2) 隔週で月曜日担当の工藤三郎氏
   (2017年4月から)
(3) 隔週で月曜日担当の高橋淳之氏
   (2017年3月まで。それ以降は時々他の曜日を担当)
(4) 隔週で月曜日担当の徳田章氏
(5) 隔週で火曜日担当の遠藤ふき子氏
   (2017年3月まで。それ以降は時々他の曜日を担当)
(6) 隔週で火曜日担当の大沼ひろみ氏
   (2017年4月から)
(7) 隔週で火曜日担当の宮川泰夫氏
(8) 隔週で水曜日担当の須磨佳津江氏

(9) 隔週で水曜日担当の村上里和氏
(10) 隔週で木曜日担当の石澤典夫氏
(11) 隔週で木曜日担当の川野一宇氏
　　（2017年3月まで）
(12) 隔週で木曜日担当の芳野潔氏
　　（2017年4月から）
(13) 隔週で金曜日担当の桜井洋子氏
(14) 隔週で金曜日担当の松本一路氏
　　（2017年3月まで）
(15) 隔週で金曜日担当の迎康子氏
(16) 隔週で土曜日担当の住田功一氏
(17) 隔週で土曜日担当の中村宏氏
(18) 隔週で日曜日担当の後藤繁榮氏
(19) 隔週で日曜日担当の森田美由紀氏

1.「全体的な問題点」

1)放送用語「アンカー(anchor)」の誤用

1「編集された番組の案内担当」は
　　　　　　　「アンカー(anchor)」ではない

『ラジオ深夜便』では、終了する3〜4分前から、次の『ラジオ深夜便』の内容についての概略を、予告説明する。そして

　　今夜の「ラジオ深夜便」の担当は
　　　　　　　(姓名) + アンカーです。
　　昨夜からここまでの<u>ご案内</u>(担当)は
　　　　　　　(姓名)でした。

と言って、番組を終了する。
　"anchor"(comprehensive moderator)という英語の日本語訳は、「総合司会者」。
アンカーという役割だったのならば、当然

　　昨夜からここまでの<u>総合司会</u>は、(姓名)でした。

となるのが当然だろう。それにもかかわらず、担当者は

番組の終了時
　昨夜からここまでの<u>ご案内</u>（担当）は
　　　　　　　　　　（姓名）でした。
と言うことは
　　　　　「アンカー役ではなかったこと」
を、自ら証明していることに気づかないらしい。
　『ラジオ深夜便』は、何時間にも及ぶ長時間番組。その担当者は、編集された番組内容を聴取者に順次伝えていく。これでは「総合司会者」の感覚は持てないだろう。

　関連する問題点としてもうひとつ。『ラジオ深夜便』の担当者は、なぜか同じ番組の担当者を
　　　　　（姓名）＋アンカー
と言う。
2003 年 4 月 1 日発行
　　『NHK アナウンサーのはなす　きく　よむ』
　　　　　　　　　　　　　　　　　　によれば

　　　　　　　敬語入門（謙譲表現）

　……ですから、自分、話す相手、話題になっている人が、それぞれどんな関係であるかが、謙譲語を使う場合のポイントになります。
　次の誤った表現を正しく直してください。

④取引先の相手に対して、
「△△課長にはもうお目にかかられましたか？」
↓
「△△にはお会いになりましたか？」　(p.27.)

となっている。言い換えれば
「内部の者を外部に紹介する時は、肩書きをつけない」
と言うことだろう。そのようにすれば

　今夜の「ラジオ深夜便」の担当は
　　　　　　　　　　　　（姓名）＋アンカーです。

<u>ではなく</u>
　今夜のラジオ深夜便は、（姓名）が担当します。

となる。
「NHK出版物の内容に反することを
　　　　　　　　　NHK番組担当者が実行する」
これはまさに
　　健康のために「禁煙しましょう」、という内容の出
　　版物を発行した関係者が、「楽しく喫煙している」
ようなものだろう。

　2「朗読」は「アンカー」（総合司会者）の
　　　　　　　　　　　担当ではない

「アンカー朗読シリーズ」あるいは
「朗読は〜アンカー」

くり返すことになるが、"anchor" の日本語訳は、「総合司会者」。「朗読」は、"read" という動詞の名詞形。従って
　　　総合司会者（が）→ 朗読（read）する
ことは、成立しない。

同様に
　　　「朗読は〜アナウンサー」
　　　　reading　announcer
「アナウンサー」の動詞形は "announce"。"announce" の日本語訳は、「知らせる、発表する」。
　　　「知らせる、発表する」と「朗読する」
は、同じではない。

アンカー（anchor）が、どのような役割をするのかの典型的な例を示そう。

NHK 衛星第 1 テレビ番組『ABC NEWS』（毎週月曜日、16 時からほぼ 30 分間）では

　　chief anchor の Mr. George Stephanopoulos

　　あるいは co-anchor の Ms. Martha Raddatz

が担当する。

　番組の前半は、アメリカ合衆国が直面する諸問題について、関係者を招いてインタビューを行う（1 対 1 の場合もあれば、1 対複数の場合もある）。

後半は、報道関係者複数（大抵4〜5人）との円卓討議（round-table discussion）の司会を務める。
まさに英和辞典の意味する
　　　　　"anchor" → 総合司会者

＊NHKラジオ第1放送番組、『ラジオ深夜便』担当者全員による、「日本語の誤用及び外国語教育への妨害」を、筆者が指摘するのは今度で3回目。

　最初は『「英語と日本語」再考』（2014年2月刊）、次は『「英語一辺倒の外国語教育」をもうやめよう』(2016年7月刊)、そして今回の本書。

　繰り返すことになるが、指摘する「日本語の誤用及び外国語教育への妨害」を、以下に纏める。

1

　英語の"anchor"の日本語訳は「総合司会者」。従って、「編集された番組の案内担当者」は、「"anchor"ではない」。

2

　"anchor"をカタカナに変えて、日本人姓名の後ろにくっつけることはできない。本書執筆中、我が国の総理大臣は"Prime Minister Shinzo Abe"であり、これを「安倍晋三・プライム・ミニスター」とはできない。同様に「番組担当者＋アンカー」とはできない。

3

　「内部の者を外部の方に紹介する時は、肩書きや地位

はつけない」。従ってこれも、「今夜のラジオ深夜便の担当は、番組担当者＋アンカー」とは言えない。

　もはや番組担当者全員、それに監督責任者の「懲戒（免職を含む）処分」は、避けられないだろう。その事由は

　　放送受信料支払者が、放送番組担当者の話す言葉に関する問題点を指摘した。それにもかかわらず、無視し続け、長年放送受信料を徴収しながら、「日本語の誤用及び外国語教育への妨害」を継続している（問題点を指摘された時点で反論し、正当性が認められた場合は、「何事もなし」。その時点で誤りを認め、改めた場合は「懲戒処分」で済んだはず）。

2)　自分の話す日本語を録音して聞きなおす、あるいは、文字に直して訂正することを怠けているために起こる、「語句の重複」

1

<u>今夜</u>の『ラジオ深夜便』も、<u>夜</u> 11 時 15 分からです。
<u>今夜</u>の『ラジオ深夜便』も、<u>午後</u> 11 時 15 分からです。
↓
　<u>今夜</u>の『ラジオ深夜便』も、11 時 15 分からです。
で充分だろう。

2

　　時刻はまもなく<u>午前5時</u>になります。これも
↓
<u>5時</u>
で充分だろう（筆者の住む地域では、5月になれば、もう薄明るくなる。朝5時と夕方の5時を、取り間違えることはない）。
　ついでに
　　「お別れの<u>時間</u>が近づいてまいりました」
↓
時刻
だろう。
　さらに
　　今夜の『ラジオ深夜便』の<u>アンカー</u>は

　　　　　　（番組担当者の姓名）アンカーです。

今夜の『ラジオ深夜便』のアンカーは
　　　　（NHK 地方放送局番組担当者の姓名）
　　　　　　　　　　　　アナウンサーです。
に至っては、問題点を指摘する必要はなかろう。

3) 外国の地名を紹介する時の不十分さ

1「ワールド・レポートは、アメリカ、
　　　　　　　　　　　　ワシントンから」

<u>アメリカ</u>、<u>ワシントン</u>から
　↓　　　　　　↓
<u>アメリカ合衆国</u>、<u>ワシントン</u>（州）あるいは
　　　　　　<u>首都ワシントン</u>のどちら（？）

ラジオの聴取者にとって
　　　　　<u>北</u>アメリカと<u>南</u>アメリカ
の下線部は聞き逃しやすい。
　北アメリカ→カナダ、アメリカ合衆国、メキシコ
　南アメリカ→ブラジル、アルゼンチンその他の国々
と、単独「アメリカ合衆国」をはっきり区別するためである（このことは、中学校1年次、あるいは高校1年次社会科の地理の授業で、担当者から注意されているはず）。

2「ワールド・レポートは、アメリカ、ミシガンから」

「ミシガン（Michigan）」というのは「都市名」ではなく「州名」。
そして、以下は「国名」と「都市名」。

■3「アイルランド、ブレイから」
■4「イギリス、コルチェスターから」
■5「イタリア、シエナから」
■6「イタリア、フィレンツェから」
■7「インド、ベンガルから」
■8「タイ、チェンマイから」
■9「ドイツ、トッチングから」
　徳田章氏は
「ドイツ、ツィティングから」　　　（5／22, '17）
　工藤三郎氏は
「ドイツ、トッティングから」　　　（12／11, '17）
　　　　　　　と発音した（？）
■10「メキシコ、プエブラから」
　■3～■10のような都市名は、あまり馴染みがないので、少なくとも
　　　　国のどのようなところに位置し
　　　　およその人口
　　　　どのような産業があるのか
ぐらいはつけ加えないと、聞いてみようという関心がもてないのでは（？）

2.「複数の番組担当者が用いる語句」に関する問題点

(1)「日本語」関連

「日本語 + カタカナ」

1)「聞き語り + "for you"」
　「もの作り + "for you"」

　芳野潔氏が2017年4月6日、担当する『ラジオ深夜便』の終わりに言ったのは

　　　ラジオFM放送午前5時から放送予定の番組名は
　　　　「聞き語り・"for you"」

と、言ったのだろうか（？）
　筆者はこの番組名に
　　　　「聴取者無視のNHKの傲慢さ」
を見た。
　ラジオの聴取者にとって、言葉を理解するのは「聴覚」のみである。従って
　　　　「聞き語り」と「弾き語り」

を混同しないように、このような言葉の使用を避けるのが、聴取者への思いやりである。

さらに、"for you" の個所をどのように聴取者へ伝えるのだろうか。英語の [F] 音と [H] 音は全く異なる。[H] 音は「息の音」。これに対し [F] 音は、上歯を下唇に当て、その隙間から出す「息の音」。これをどのようにして聴取者へ伝えるのだろうか。

そもそも
　　　　　　「聞き語り + "for you"」
ような造語を用いること自体
　　　　　　「放送番組担当者として失格」
だろう。

ほぼ同じように、徳田章氏は
　　　　「もの作り + "for you"」 (6 / 5, '17)
と言った。

筆者は、日本語を話している時、途中で英語の語句を挟むことは、できるだけ避けるようにしている。その理由は

よほど身構えないと、英語の発音が正しくできない。
からである。

2) 「深夜便 + アーカイブズ」

archives

"archives" の日本語訳は
　　　　→ 記録 [公文書] 保管所

公文書、古文書

となっている。高校の英語教育歴30年の筆者でも、「アーカイブズ」から "archives" を辞書で見つけるのは難しい。その理由は、「教科書に出てこないし、その上、日常生活にほとんど関連がない」、からである。

　一般の方々は、"archives" を辞書で見つけることさえ、困難だろう。

3)「低山 + トラベラー」

traveler

　外国語として「英語を話す・書く」場合の難しさは、「語句の選択とその組み合わせ方」。日本語の「高い」という形容詞に相当する英単語は、"tall" と "high" がある。「人の背が高い」場合は

a tall man

× a high man

となる。ところが
「建物が高い」の場合は

a tall building でも a high building

でもよいことになっている。

　なぜ「低山トラベラー」が問題かというと

× <u>低山</u> + <u>トラベラー</u>

mountain　　traveler

（動詞は travel）

となるからである。

学校における外国語としての英語教育は、「基礎を教える」ことになっている。手元の英和辞典は

旅　行

  travel →各地をめぐり歩く旅行

  journey →目的地までの比較的長い旅行

  trip →比較的短い観光や仕事上の旅行

  tour →観光や視察などの周遊旅行

  excursion →短期間の団体の観光旅行

と区別する。また「山」と結合する動詞は

  山に登る→ go up [climb, ascend]a mountain

  山を下りる→ go down [descend]a mountain

  山を越す→ go across[cross]a mountain

従って

   ×travel + 山（mountain）に関係する語句

   ×（低）山 + traveler

となる。

4)「墓参い + ラー」

（日本語の）<u>墓参りをする</u>

+

（英語の）<u>er</u>

 （動詞につく名詞語尾）→「……する者」の意

 親しい仲間か友人の間しか許されない、「日 + 英単語

の組み合わせによる造語」を、放送受信料支払者に対して用いた「公私混同」。筆者には許すことのできない、「外国語教育への妨害」。

「余分」

5)「大人のリクエスト・アワー」
request　　　hour

　夏休みが始まると、NHK第1放送では「夏休み子供科学電話相談」が始まる。そして専門家の方々が、電話による小学生の理科に関する質問に、丁寧に分かりやすく回答している。

　これは小学生のみを対象にした番組だから、「夏休み子供科学電話相談」となる。ところが、子供達からのリクエストは考えられない、『ラジオ深夜便』を構成する一部分を、なぜわざわざ「大人のリクエスト・アワー」とするのだろうか。「リクエスト・アワー」だけで充分だろう。

6)「音楽家でピアニスト」
pianist

「ピアニスト」は広義の「音楽家」。従って「ピアニスト」のみで充分。

7)「作家でエッセイスト」
essayist

「エッセイスト」というのは「作家の一分野」。従って、「エッセイスト」のみで充分。

8)「作家でスポーツ・ライター」
sportswriter

"sportswriter" の日本語訳は→「スポーツ記者」

「スポーツ記者」であれば、当然スポーツに関することを内容とする「作家」。従って、「スポーツ・ライター」のみで充分。

9)「俳優でタレント」
talent

"talent" には「俳優」という意味があるので、「俳優」のみで充分。

「誇大表現」

10)「～+エッセイスト」
essayist

『リーダーズ英和辞典』(研究社) によれば、歴史上の人物 "Leonard da Vinci"(1452-1519)はイタリア人で
　　画家、彫刻家、建築家、技術者、科学者

となっている。約200年後 "Benjamin Franklin"（1706 - 90）はアメリカ人で

　　　　　政治家、科学者、哲学者

となっている。

　しかしながら、あらゆることがこれほど発達した現在、我々が専門分野と言えるのは、せいぜい「ひとつの分野」。従って

　■1「家事研究家でエッセイストの〜」
　　　　　　　　　　essayist
　■2「アート・デレクターでエッセイストの〜」
　　　　art director　　　　　essayist
　■3「エッセイストでワイナリーのオーナーの〜」
　　　　essayist　winery　　owner

はそれぞれ

　　❶「家事研究家でエッセイを書く〜」
　　❷「美術監督でエッセイを書く〜」
　　❸「ワイン醸造所主でエッセイを書く〜」

で充分だろう。

　　　　　「説明が必要では」（？）

11）音楽関係（曲、楽器などを紹介する時）

■1「カントリー・歌手」

I．NHK番組担当者の日本語感覚

　　　country

　英単語"country"には→「国、祖国、田舎、地域」
という日本語訳がある。従って
　　　　　　　"country music"の場合は
　「米国南部の郷土音楽から発生した大衆音楽」
という説明が必要。

2「キーボード・プレーヤー」
　　　　keyboard　　　player
　"keyboard"の日本語訳は→「鍵盤、キーボード」
（ピアノ・タイプライター・コンピューターなどの）
　　"player"の日本語訳は→「（楽器の）演奏者」
ここでは、「ピアノ演奏者」という意味だろうか（？）

3「ロック・クラシックス」
　　　　rock　　　classics
　　　"rock"="rock music"の日本語訳は
　　　　→ロックンロールに由来する
　　　　　強烈なビートと単純な旋律の音楽
"classic"の日本語訳は「名詞」の場合
　→［複数形で］古典、古典作品
　　（芸術・文学・学問上の）一流の作品
　　　　　　　　　　　　代表的作品
　the Japanese classics →日本の古典
　a classic of tragedy →悲劇の傑作

のように、かなりの説明が必要。

4「ソール・リズム・アンド・ブルース集」
    soul   rhythm and blues
"soul" の日本語訳は
     →（米国の）黒人としての誇り
       黒人の民族意識
     （黒人の演奏から伝わる）魂の感動
形容詞的に→「黒人音楽の」、そして
      "soul"="soul music"
  "rhythm and blues" → アメリカ黒人の音楽
という説明が必要。

5「スティール演奏者」
    steel
「スティール」の日本語訳は
"steel band" →スチール・バンド
     ドラム缶などを使う打楽器バンド
     （西インド諸島の起源）
"steel guitar" →スチール・ギター
 ここでは「スティール・ギター演奏者」という意味だろうか（？）

6「〜とストリングズの演奏」
    strings

"the strings"の日本語訳は
→（オーケストラの）弦楽器部、弦楽器の演奏家たち
この説明が必要では（？）

7「女性ジャズ・ボーカル」
　　　　　　jazz　　vocal
"vocal"の日本語訳は〔しばしば複数形で〕
→声楽曲(ポピュラー音楽でバンドの伴奏で歌うもの)
ついでに
　　"vocalist" →（ポピュラーソングの）歌手
の説明が必要。

12）マスコミ関係（者を紹介する時）

「コラムニストの大屋真理さん」
　　　　　　columnist
"columnist"の日本語訳は→「特約寄稿家」
ついでに
アナリスト（analyst）→（情勢などの）分析者
　　　　　　　　　　　解説者、評論家
ジャーナリスト（journalist）→新聞・雑誌記者
　　　　　　　　　　　　　　新聞・雑誌業者
　　　a news analyst →ニュース解説者
　　　an economic analyst →経済評論家
　　　a political analyst →政治評論家

クリティック (critic) → (文学・芸術などの) 批評家
an art critic →美術評論家

13)「〜＋プロデューサー」
producer

1「音楽・プロデューサー」
　　　　producer
2「アート・プロデューサー」
　art　　　producer
3「サイエンス・プロデューサー」
　science　　　producer

"art" の日本語訳は→「芸術、美術」
"science" の日本語訳は
　→科学、科学研究
　　自然科学
　　(専門的な) 技術
"producer" の日本語訳は
　→ (劇や映画などの) プロデューサー
　　製作者 (特に経済面での責任者で、director のように俳優の演出はしない)
　　生産者

このように、英単語の日本語訳を確認しても、筆者は
　「音楽・プロデューサー」
　「アート・プロデューサー」

Ⅰ．NHK番組担当者の日本語感覚

「サイエンス・プロデューサー」
の意味は、理解できない。

(2) 英語関連

「カタカナ発音」

1)「フルーティストの山形由美さん」
flutist

なるほど　　　楽器名　　演奏者
piano → pianist

と同様　　　　楽器名　　演奏者
flute → flutist

としたに違いない。ところが、英語の [L] 音と [R] 音の区別ができない場合

<u>fruitist</u>

となってしまう。この英単語がどのような意味になるかを、筆者はここで示す勇気を持たない。その理由は、辞典には "fruitist" はないが

fruit（果物）＋ ist（名詞語尾）
↓
「……する人、……主義者、……家」の意

になるからである。

2)「ギターリストの作品集」
guitarist

"guitarist" の下線部は、やや長めのアクセントが必要。

隔週で水曜日担当の須磨佳津江氏は、「ギタリスト」と発音したので（10 / 4, '17）、筆者には "guitarist" とは異なる感がした。

3)「シンガー・ソングライター」
singer　　　　songwriter

　一気に発音できない場合は
singer / song writer

と、区切りに気をつけなければならない。

　特に
「女性（あるいは男性）の
　　　　　　シンガー・ソングライターの歌」
と長い場合は、注意が必要。

4)「バイオリニストの千住真理子さん」
vio<u>li</u>nist

"vio<u>li</u>nist" の下線部に、充分すぎるほどのアクセントを置かなければ、通じない。先頭の [V] 音については、「上歯を下唇にあて、その隙間から出す息の音」であることは、言うまでもない。

「語法」

5)「アーティスト」
artist

1「フラワー・アーティスト」
　　flower　　artist

2「メイクアップ・アーティスト」
　　makeup　　artist

3「和紙・アーティスト」
　　　　　　artist

　　華道の専門家を "flower artist"
　　美容師（家）は "makeup artist"
　　「和紙漉き師」も "artist"
と言うのだろうか。さらに

4「スティック・アーティスト」
　　stick　　artist
　　　　"stick" の日本語訳は→「杖」
そうすると、「スティック・アーティスト」というのは
　　　　（職業として）杖を製作する人（？）
という意味だろうか。

＊何人もの『ラジオ深夜便』担当者は
　　　　「きょうえん世界のアーティスト」
と言う。
「きょうえん」には、以下のふたつの意味がある。

共演→一緒に出演すること。
　競演→同一または類似の作品（役）を、時期を同じく
　　　　して上演し、その人気を張り合うこと。
と区別しているので、どちらだろうか。
　また「アーティスト」というのは
　　　　　　　"artist" あるいは "artiste"
のことだと思われる。
　"artist" の日本語訳は
　→芸術家、美術家、（特に）画家
　"artiste" の日本語訳は
　→芸能人
　　アーティスト《俳優・歌手・奏者・ダンサーなど》
となっている。

※（隔週で火曜日担当）遠藤ふき子氏は
　（2017年3月まで。それ以降は時々他の曜日を担当）
　　　　「惜別のアーティスト」と言って
　　　　　　故・ペギー葉山さん（歌手）
を紹介した。

6）「〜＋エッセイスト」
　　　　　　　　essayist
1「アウトドア・エッセイスト」
　　　outdoor　　　essayist
2「フォート・エッセイスト」

　　　　photo　　　　essayist
"outdoor"の日本語訳は→「形容詞」で「屋外の」
"photo"の日本語訳は→「写真」
書くエッセイの内容が
　❶→「屋外に関するもの」
　❷→「写真に関するもの」
という意味だろうか。

　　　　　7)「フード+〜」
　　　　　　　food
■「フード・ディレクター」
　　　food　　　director
それぞれの日本語訳は
"food"→「食物、食糧、食品」
"director"→「指導者；重役、取締役、管理者」
　　　　　（研究所などの）所長
　　　　　（官庁の）局長、長官
　　　（映画・演劇・ラジオ・テレビ番組などの）
　　　　　　　監督、演出家
　　　　　（音楽の）指揮者
　これらの日本語訳を、どのように組み合わせるのだろうか。

＊『ラジオ深夜便』では
　　「聞き手はNHKの〜ディレクターでした」

と言って、ディレクターはインタビューを担当している。
インタビューの場合

　　　　インタビューをする人→ "interviewer"
　　　　インタビューをされる人→ "interviewee"

というピッタリの英単語があるにもかかわらず、「ディレクター」を用いるのは、なぜだろうか（？）

2「フード・コーディネーター」
　　　food　　　coordinator
"coordinator" の日本語訳は→「調整役（人）」
筆者には理解できない「カタカナ語」。

3「フード・ジャーナリスト」
　　　food　　　journalist
　"journalist" の日本語訳は→「新聞・雑誌記者」
「食品関係を内容とする記事を担当する記者」、という意味だろうか。

4「フード・スタイリスト」
　　　food　　　stylist
"stylist" の日本語訳は
　　→（髪型・衣服・室内装飾などの）デザイナー
　　　　文章 [文体] にこる人、美文家、名文家
となっている。従って
　　　　× food（食物、食品）＋ stylist

となる。

8)「ジャズ」
jazz

1「ジャズ・ジャイアント」
   jazz   giant

"giant" の日本語訳は
   →傑出した人、偉大な人、大物
ただし、手元にある英和辞典の例文は

  He is one of the <u>musical</u> giants of the century.

 （彼は今世紀の傑出した音楽家の一人である）

のように、"giant" の前の "musical" は形容詞である。参考に、"jazz" の形容詞形は "jazzy"。

2「ジャズ・ガイド（？）」
   jazz   guide

"guide" の日本語訳は
  →案内人、案内書、手引き、指導書、入門書
  （行動の）指針、道しるべ
「ジャズに関する説明あるいは解説（？）」

3「ジャズ・ナイト（？）」
   jazz   night

『ラジオ深夜便』の放送は、通常午後 11 時 15 分から翌朝 5 時まで。そのうちの大部分を、「<u>ジャズ</u>」に関す

Ⅰ．NHK番組担当者の日本語感覚

ることに当てるとしても、おそらく、「ジャズ特集」くらいだろう。

9)「ビンテージ」
vintage

　"vintage" の日本語訳は
　　　→（文芸活動などが）最盛期の、黄金時代の
　　　　（作品など）代表的な
となっている。
「ビンテージ・ロック」と言って
　　　vintage　　rock
(隔週で木曜日担当）の石澤典夫氏は
　　　　　　→ビートルズの歌（8/ 25, '16)
(隔週で土曜日担当）の住田功一氏は
　　　　　　→ハリー・ベラフォンテの歌（7/ 15, '17)
(隔週で日曜日担当）の後藤繁榮氏は
　　　　　　→ビーチ・ボーイズの歌（8/ 20, '17)
を紹介し
「ビンテージ・ソール」と言って
　　　vintage　　soul
(隔週で水曜日担当）の須磨佳津江氏は
　　　　　　→マイケル・ジャクソンの歌　（6/ 21, '17)
(隔週で木曜日担当）の芳野潔氏は
　　　　　　→レイ・チャールズの歌　　　（6/ 8, '17)
を紹介した。筆者には理解できない "vintage" の用法。

「文法」

10）動詞の原形を文頭に置いた形

1「エンジョイ・ジャズ」
   enjoy jazz
2「シング・ジャズ」
   sing jazz

「英文法」では、動詞の原形を文頭に置けば「命令文」になる。放送受信料聴取者が、放送受信料支払者へ、「命令文」を用いるのだろうか。

それとも

   "Let's enjoy（or sing）jazz together."
  （一緒にジャズを楽しみましょう）

あるいは（一緒にジャズを歌いましょう）

くらいの意味だろうか。

11）「名詞＋名詞」の複合形

1「バード・ソング」
   bird song

「バード・ソング」は、辞書では通常 "bird song" と2語ではなく、"birdsong" と1語になっており、その日本語訳は

Ⅰ．NHK番組担当者の日本語感覚

「鳥の歌」ではなく、「鳥のさえずり、鳥の鳴き声」となっている。そのようにすると、果たして

2「レイン・ソング」→「雨の歌」
　　　rain　　song

3「サマー・ソング」→「夏の歌」
　　　summer　　song

の意味になるだろうか。

12) 文法的に不可能では（？）

1「イージィ・リスニング」
　　　easy　　　listening

"easy"の日本語訳は「形容詞」で
　→易しい、容易な
　　気楽な、安楽な
　　（人が）こだわらない、おおらかな

"listening"の日本語訳は
　　　→聞くこと、聞き取り

組み合わせて
　「イージィ・リスニング」→「易しい聞き取り」
という意味だろうか。

2「〜＋ポップス」
"pop"というのは"popular"を短縮した形。
"popular"の日本語訳は「形容詞」で

　　　　　　　→人気のある、大衆向きの
従って
　　"a pop singer[song]" →「ポピュラー歌手（ソング）」
　　"pop music" →「ポピュラー音楽」
という日本語訳になる。「略式語」では
　　　　　　　　　　pop = pop music
となるが
　　　　　　　"music" は複数形にはならない
ので、カタカナ語の場合「ポップ<u>ス</u>」とはならない。

3「リラックス・サウンズ」
　　　　　　relax　　　sounds
　　"relax" の日本語訳は「他動詞」で
　　　→（人を）くつろがせる、楽にさせる、休める
　　　　（力・緊張・規則などを）緩める
　　　　「自動詞」で
　　　→　くつろぐ、気をらくにする
　　　　（力・緊張・規則などが）緩む
　　"sound" の日本語訳は
　　　　　　　　→音、音響、物音
動詞の原形を文頭に置き、「命令<u>文</u>」（？）

(3) 仏語関連

「文　法」

1)「ア・ラ・カルト」
　　à　　la　　carte

(隔週で月曜日担当) 工藤三郎氏は
　1「北の歌ア・ラ・カルト」(12 / 11, '17)
　　「日記の歌ア・ラ・カルト」(1 / 15, '18)
(隔週で火曜日担当) 遠藤ふき子氏は
(2017年3月まで。それ以降は時々他の曜日を担当)
　2「雪の歌ア・ラ・カルト」(12 / 31, '16)
(隔週で火曜日担当) 大沼ひろみ氏は
　3「秋に聞きたい歌ア・ラ・カルト」(10 / 3, '17)
(隔週で土曜日担当) 住田功一氏は
　4「母の歌ア・ラ・カルト」(5 / 13, '17)
(隔週で土曜日担当) 中村宏氏は
　5「祭りの歌ア・ラ・カルト」(8 / 5, '17)
(隔週で日曜日担当) 森田美由紀氏は
　6「絆歌ア・ラ・カルト」(2 / 11, '18)

と言ったが、手元にある仏和辞典 (2003年3月発行) には、このような用法はない。あるのは

déjeuner [dîner] à la carte

ア・ラ・カルト（一品ずつメニューで選ぶ料理）で
昼食[夕食]をとる

という説明のみ。

2)「アンコール」

encore

　仏語の "encore" は「副詞」だから、以下のような位置にくることはない。

1「ナイト・エッセイ・<u>アンコール</u>」
2「<u>アンコール</u>放送」

3)「ショコラティエ」

石澤典夫氏の
「ショコラの誘惑・ショコラティエ」　　(6 / 29, '17)
　chocolat
手元にある仏和辞典によれば

　　　　　ケーキ→ pâtisserie（女性名詞）
　　　　　ケーキ職人→ pâtissier（ère）

これに対し

　　　　　ショコラ→ chocolat（男性名詞）はあるが
　　　　　「ショコラ職人」に相当する単語はない。

3.「個々の担当者が用いる語句」に関する問題点

(1)「日本語」関連

1) これでもプロの日本語放送番組担当者（？）

■日本語の発音

(隔週で月曜日担当) 工藤三郎氏
　→「ビジツカンに行きませんか」　　　(1 / 15, '18)
　日本語の「美術館」は、「ビジツカン」ではなく、「ビジュツカン」と発音する。

(隔週で月曜日担当) 高橋淳之氏
(2017年3月まで。それ以降は時々他の曜日を担当)
　→「シジツ」(9 / 28, '15)
　日本語の「手術」は、「シジツ」ではなく、「シュジュツ」と発音する。

(隔週で月曜日担当) 徳田章氏
　→「福島のシンシュウカンピョウカイ」
　　　　　　　　　　　　　　（？）　　(10 / 16, '17)

日本語の「新酒」は、「シン<u>シュウ</u>」ではなく、「シン<u>シュ</u>」と発音する。

(隔週で火曜日担当) 遠藤ふき子氏
(2017年3月まで。それ以降は時々他の曜日を担当)
　→「ビ<u>ジツ</u>カンに行きませんか」　　　(6 / 21, '16)
　日本語の「美術館」は、「ビ<u>ジツ</u>カン」ではなく、「ビ<u>ジュツ</u>カン」と発音する。

　→「トウ<u>ニュウ</u>ビョウに負けない生き方」　(8 / 1, '17)
　日本語の「糖尿病」は、「トウ<u>ニュウ</u>ビョウ」ではなく、「トウ<u>ニョウ</u>ビョウ」と発音する。

(隔週で火曜日担当) 大沼ひろみ氏
　→「ポピュラー<u>旅情</u>名曲アルバム」　　　(6 / 6, '17)
　下線部を、正しく発音できましたか。

　→「<u>新春</u>インタービュー」　　　　　　(1 / 2, '18)
　日本語の下線部は、「シン<u>シン</u>」ではなく、「シン<u>シュン</u>」と発音する。

(隔週で火曜日担当) 宮川泰夫氏
　→「星野村天文<u>台台</u>長」　　　　　　　(7 / 11, '17)
　このような場合は、「テンモン<u>ダイダイ</u>チョウ」とならないような工夫が必要。例えば

「天文台長」
と、「台」をくり返さないようにする。

＊同じ音が連続する場合は、工夫が必要。例えば
（隔週で金曜日担当）桜井洋子氏の
　　　　「京菓子師」（6 / 10, '16）
（隔週で水曜日担当）須磨佳津江氏の
　　　　「観光庭園園主」（11 / 8, '17）

　隔週で月曜日担当の徳田章氏（10 / 2, '17）は、「動物病院院長」ではなく「動物病院総院長」と工夫をしている。

　　→（誕生日の花ハマギク）の
　　　　「白いハナビロ」　　　　　（10 / 10, '17）
　　　　　　　　↓
　　　「花びら」では（？）

　　→「ビジツを通して生きる力を」　　（11 / 14, '17）
　日本語の「美術」は、「ビジツ」ではなく「ビジュツ」と発音する。

（隔週で水曜日担当）須磨佳津江氏
　　→「南国の音色」　　　　　　　（1 / 20, '16）
　下線部を、正しく発音できましたか。

→「シクジツ」　　　　　　　　　　（3 / 21, '18）
　日本語の「祝日」は、「シクジツ」ではなく、「シュクジツ」と発音する。

　　→「歴史にヒタシム」　　　　　　　（3 / 21, '18）
　日本語の「親しむ」は、「ヒタシム」ではなく、「シタシム」と発音する。

（隔週で水曜日担当）村上里和氏
　　→「カンザンの差」　　　　　　　　（3 / 23, '16）
　日本語の「寒暖」は、「カンザン」ではなく、「カンダン」と発音する。

　　→「ゲイジツカ」　　　　　　　　　（6 / 2 9, '16）
　日本語の「芸術家」は、「ゲイジツカ」ではなく、「ゲイジュツカ」と発音する。

　　→「海の生き物の不思議」　　　　　（7 / 12, '17）
　下線部を、正しく発音できましたか。

　　→「シクダイ」　　　　　　　　　　（7 / 26, '17）
　日本語の「宿題」は、「シクダイ」ではなく、「シュクダイ」と発音する。

(隔週で木曜日担当) 石澤典夫氏
　→「花がカザンに植えられている」　　（10 / 26, '17）
　日本語の「花壇」は、「カザン」ではなく「カダン」と発音する。

(隔週で木曜日担当) 川野一宇氏（2017年3月まで）
　→「ブジツ」　　　　　　　　　　　（5 / 19, '16）
　日本語の「武術」は、「ブジツ」ではなく、「ブジュツ」と発音する。

　→「リオ・デ・ジャネーロ（ブラジルの首都）」
　　　　　　　　　　　　　　　　　　（8 / 18, '16）
の発音がぎこちなかった。ポルトガル・ブラジル語で
　　　　リオ ／ デ ／ ジャネーロ
　　　　Rio　　　 de　　　 Janeiro
　　　　川　　　前置詞　　1月→1月の川

(隔週で木曜日担当) 芳野潔氏
　→「ビジツ絵本作家」　　　　　　　　（1 / 4, '18）
　日本語の「美術」は、「ビジツ」ではなく、「ビジュツ」と発音する。

　→（誕生日の花コブシは）
　　「北海道から九州までブンピする」　　（3 / 8, '18）
　日本語の「分布」は、「ブンピ」ではなく、「ブンプ」

と発音する。

(隔週で金曜日担当) 迎康子氏
　→「夫婦坂」　　　　　　　　　　　(5 / 5, '17)
　女性演歌歌手都はるみさんの歌う『夫婦坂』を
　　　　　　　「みょうとざか」
と発音したのを、初めて聞きました(これまでは、「めおとざか」しか、聞いたことがなかったので)。
　2017年6月26日、NHKラジオFM放送番組『歌謡スクランブル』(13:00~14:00) 担当の逢地真理子氏は、番組の中で、発売されたばかりの三門忠司さんの歌う「夫婦道」を
　　　　　　　「めおとみち」
と発音しました。

　→「オカヤマ・リカダイガク」　　　(7 / 21, '17)
　下線部をしっかり発音しないと
　　　　岡山理科大学と岡山医科大学
の区別が難しい(後に、後者は存在しないことが分かった)。

　→「古くから日本でヒタシマレテイル」 (9 / 22, '17)
　日本語の「親しまれている」は、「ヒタしまれている」ではなく、「シタしまれている」と発音する。

→「スジシロ」　　　　　　　　　　　（3 / 30, '18）
　大根の別名は「スジシロ」ではなく「スズシロ」

（隔週で日曜日担当）後藤繁榮氏

　→「統合失調症」　　　　　　　　　　（9 / 18, '16）
　を、正しく発音できましたか。

　→「ツルボ（誕生日の花）は風情がある」（9 / 3, '17）
　下線部を、正しく発音できましたか。

　→「酒場詩人」　　　　　　　　　　　（10 / 8, '17）
　日本語の「酒場詩人」は、「サカバチジン」ではなく、「サカバシジン」と発音する。

（隔週で日曜日担当）森田美由紀氏
　→「ゲイジツ」　　　　　　　　　　　（9 / 25, '16）
　日本語の「芸術」は、「ゲイジツ」ではなく、「ゲイジュツ」と発音する。

　→「一般財団法人」　　　　　　　　　（8 / 13, '17）
　日本語の「財団」は、「ダイダン」ではなく、「ザイダン」と発音する。

2日本語

(隔週で月曜日担当) 高橋淳之氏
(2017年3月まで。それ以降は時々他の曜日を担当)
　→「登山の際は、よく雨に降られました」 (9 / 26, '16)
　筆者なら　　　　　　↓
　　　　「登山の際は、雨がよく降りました」
と言う(筆者の日→英の逐次通訳は
　　　　　When I went mountaineering, it often rained.
しか考えられないので)。

(隔週で月曜日担当) 徳田章氏
　→女性演歌歌手小林幸子さんの
　　　　　　　　「アッタマル話」 (12 / 4, '17)
　　　　　　温まる(?)

　→「歌い継がれるツブテ・ソング」　　 (3 / 5, '18)
(「小石」を意味する) 礫(?)

(隔週で火曜日担当) 遠藤ふき子氏
(2017年3月まで。それ以降は時々他の曜日を担当)
　→ 担当した番組の終わりの言葉

　　この時期、私が外出する時
　　<u>傘とペットボトルは必需品</u>です。　　(8 / 1, '17)

を聞いて、筆者の「日→英の逐次通訳」は
 At this time of the year, I usually take a folding umbrella and a small plastic bottle of water, when I go out.
となった。
　日本語の「必需品」に相当する英語は
　　　　necessaries（単数形は necessary）
　　　　necessities（単数形は necessity）
であり、手元の英和辞典には例として
　　　　the <u>necessaries</u> of life（<u>生活必需品</u>―衣食住）
　　　　Air and water are <u>necessities</u> for life.
　　　　（空気と水は生命に不可欠な物である）
がある。
　「必需品」に関する、英語と遠藤氏の日本語の差が表れたのでは（？）

(隔週で火曜日担当）大沼ひろみ氏
　→「俳人」　　　　　　　　　　　　　　（5/16, '17）
　音声のみの場合、筆者は個人的に、「俳人」と言わないことにしている。その理由は
　　　　　　「廃人」と同音異義語
になるからである。

　→「〜に行ってきました」　　　　　　　（7 / 18, '17）
　担当する番組内容について、情報を得たり、知識を確

認するために活動しているようだが
　　　　　　　　↓
　　「～するために、～を訪問しました」

　→「誕生日の花（トロロアオイ）
　　　は大きく咲かれてはいけない」　　（8／8 , '17）
　　　　　　　　↓
　　　「花びらが大きくなる前に～」
と、それぞれ筆者なら言う。

　→（誕生日の花）「アシタバを生産している」
　　　　　　　　　　　　　　　　　　　（10／3 , '17）
　花は→「生産する」ではなく「栽培する」
　英語では
　　　草花を植える→ plant flowers
　　　草花を育てる→ grow flowers
　格式語として「（作物を）栽培する」は
　　　　　　　　→ cultivate
　例文として "Cotton is widely cultivated here."
　　　（この土地では綿が広く栽培されている）
　「生産する」は→ "produce"
　例文として "This factory produces television sets."
　　　（この工場はテレビを作っている）

（隔週で火曜日担当）宮川泰夫氏

→「何くそ精神で生き残れ」　　　　　（8 / 15, '17）
　元プロ野球関係者の話らしいが、筆者は「何くそ」とは言わないことにしている。その理由は
　　　　　　　　くそ→糞
を、意味するからである。
　意味は少しずれるかもしれないが、筆者なら
　　　　「自分の能力の限界まで挑戦し続けよう」
と言う。

(隔週で水曜日担当) 須磨佳津江氏
　→ 担当した番組の終わりの言葉
　　　　　　昨日より、少しでもいい1日に
　　　　　　なりますように、祈っています。
と言う。
「昨日より、少しでもいい1日」というのは、須磨氏にとって、どのような日のことだろうか（？）
　また
「悪いことには用心し、楽しいことは歓迎し……」
と言うが、筆者なら
　悪いことにもめげず（あるいはひるまず）
　　　　　　　　　　　　　　楽しいことは歓迎し……
と言う。

　→「天気がこれから崩れていくのかも知れません」
　　　　　　　　　　　↓　　　　　　（6 / 21, '17）

「天気は下り坂のようです」

→「花屋さんに売られている」　　　　　(8 / 2, '17)
　　　　　　↓
　「花屋さんに売っている」
と、それぞれ筆者なら言う。

→「新宿の高層ビルが、<u>にょきにょきと見えています</u>」
　　　　　　　　　　　　　　　　(7 / 19, '17)
→「ちょっと<u>ピー・アール</u>でございました」(11 / 8, '17)
　　　PR（public relations）→<u>宣伝</u>（？）
筆者は、このような日本語を初めて聞き、驚きました。

→「これからも頑張って放送してまいります」
　　　　　　　　　　　　　　　　(10 / 18, '17)
放送番組担当者が言えることはせいぜい
　「担当する番組内容が
　　　皆様の御期待にそえるように、今後も心がけます」
くらいだろう。

→「養豚家」(3 / 7, '18)
筆者なら、「養豚を営む〜」と言う。

(隔週で水曜日担当) 村上里和氏
　→「朗読を<u>しに</u>伺う予定です」　　　　(10 / 12, '16)

Ⅰ．NHK 番組担当者の日本語感覚

　　　　　↓
「～に伺い、私は朗読を担当する予定です」

　→「皆さんも<u>試されたら</u>、どうですか」（3 / 29, '17）
　　　　　↓
　　「皆さんも<u>試してみては</u>、どうですか」

　→「お手紙をもらいました」　　　　　（6 /28, '17）
　　　　　↓
　　「お手紙を頂きました」
と、それぞれ筆者なら言う。

　→（ピアノ曲名）「すてき<u>に</u>モーニング（？）」
　　　　　　　　　　　　　　　　　（3 / 28, '18）
　　「すてき<u>な</u>モーニング」では（？）

（隔週で木曜日担当）川野一宇氏（2017年3月まで）
　→「アンカーとしての最後の放送です。皆さん健康に
　　注意して下さい。さようなら。」(3 / 16, '17)
　まるで、小学校における、転勤の決まった教員が、転・
退任式で在校生に向かって言う言葉。筆者なら

　　4月1日より、担当の番組が変わることになりまし
た。長い間『ラジオ深夜便』を担当することができま
したのは、皆様からの「激励」によるものだと、感謝

117

しています。担当する番組が変わりましても、今まで同様、皆様とお目にかかることができたり、お話ができたりできることを、願っています。長い間、ご支援ありがとうございました。

と言う。

(隔週で木曜日担当) 芳野潔氏
　→「次回お耳にかかるのは、〜月〜日の予定です」
　　　　　　　　　　　　　　　　　　　　　　(7 / 6, '17)
　「お目にかかる」から「お耳にかかる」
と、シャレたのだろう。
　親しい仲間や友人の間でのみ、許される表現。プロの日本語放送番組担当者が、「放送受信料を支払っている聴取者」へ、用いるべきではない表現。

(隔週で金曜日担当) 桜井洋子氏
　→「記憶について、改めて考えさせられています」
　　　　　　　　　　　　　　　　　　　　　　(10 / 13, '17)
筆者なら
　「〜がきっかけで
　　　　　　改めて記憶について考えています」
と言う。

(隔週で金曜日担当) 迎康子氏

→番組の終了時刻が近づくと

「今日が<u>ひときわいい日</u>でありますように」

と言うが、筆者には全く理解できない。
　迎氏にとって「ひときわいい日」とは、どのような日のことだろうか。
　また
「どうぞすてきな出会いの1日でありますように」
とも言うが、これは
　「聴取者にとって、<u>知人の数が増えるように</u>」
という意味だろうか。
　時々
「お便り下さい<u>ました</u>。ありがとうござい<u>ました</u>」
という形を聞くが、同じ語形をくり返すと、聴取者にとって「耳障り」ということに、気づかないのだろうか（？）
　中学校1年次、英語の教科書で

　　　　　Do you like to play tennis?
　　　　（テニスをするのは好きですか）
の質問に、肯定形で答える時は

　　　　　　　Yes, I do.
となり、間違いではないけれど

　　　　　Yes, I like to play tennis.
とはしないことを、学習しているはず。「英語では同じ語形の反復は避ける」ということを、筆者は中学校1年

次に心に留めた。そして、以後日本語を話し、書く時にも、そのことを心がけている。

　　→「どうぞ、かぜなどお召しになりませんように」
　　　　　　　　　　　　　　　　　　(12 / 16, '16)

「かぜをお召しになる」という日本語を聞いたのは、随分前だったので、懐かしい。
　外国語としての英語の研究分野のひとつに、「現代英語の正用法」がある。「現代日本語の正用法」の立場から
　　　　　　「かぜをお召しになる」
は、どのような判断になるのだろうか。

　　→（誕生日の花）「ポインセチアは
　　　　　　熱い気温が大好き」(12 /22, '17)
　　　　　　　　↓
　　　　「高い気温」では（？）

　　→（誕生日の花）「シクラメンは
　　　　いろいろ開発が進んでいます」(1 /19, '18)
　　　　　　　　↓
　　　　品種改良が行われています
だろう。

＊以上のように迎氏は
「癖のある話し方」と「疑がわしい日本語感覚」では
「高校生向け放送コンテストへの出場資格
　にも欠ける」NHKの放送番組担当者（？）

（隔週で土曜日担当）中村宏氏
　→「夜のシジマに聞きたい曲」　　　（10 / 7, '17）
　手元の国語辞典によれば
　しじま→「沈黙、静寂」の意の雅語的表現
　雅語→口頭語で使うとそぐわないが、詩歌・古文の
　　　　表現に用いられた、洗練された和語。
　　　「夜の静けさの中で聞きたい曲」
と言えば、何の問題もないものを
　　　　番組担当者の「口語と文語の区別なし」
が出てしまった。
　筆者は、「私は、早起きをすることにしている」を英
文に変える時は
　　　口語→ I usually get up early in the morning.
　　　文語→ I make it a rule to get up early in the morning.
と区別する。

（隔週で日曜日担当）後藤繁榮氏
　→ 2017年8月20日、番組終了前

「アンカーを囲む集い」観覧ご希望の方は～」

と言ったので、筆者は一瞬自分の耳を疑った。その理由は
　　　　　NHK番組担当者は「見せるもの（？）」
と思えたからである。
　「観覧」の意味は
　　　　　　　→（劇、景色などを）見ること
となっている。

　→「アン・ルイス<u>さん</u>、アグネス・チャン<u>さん</u>」
　　　　　　　　　　　　　　　　　　　（9/3, '17）
　下線部は何らかの工夫をしないと、聞きとりにくい。例えば
「アン・ルイス<u>さんと</u>アグネス・チャン<u>さんの</u>
　　　　　　　　　　　　　　　お二人」
で、かなり理解し易くなる。

　→「<u>のうみつ</u>な家族との暮らしがある」（9/17, '17）
「のうみつ」の説明は
　　　　　　濃密→色合いの濃い形容
となっており、例として
　濃密な（細かい所までよく書き込んである）描写
がある。「家族関係」と「濃密な」を、組み合わせることができるのだろうか。

（隔週で日曜日担当）森田美由紀氏
　→「今日はお便りを読ませて頂きます」（7 / 9, '17)
　　　　　　　　　　↓
　「今日は、頂いていますお便りを、紹介します」

と、筆者なら言う。

3 話す内容に「無知丸出し」

(隔週で火曜日担当) 大沼ひろみ氏

　2017年4月3日、『ラジオ深夜便』担当の徳田章氏は、次の『ラジオ深夜便』担当者を
　　　　　「大沼ひろみアンカーの登場です」
と言って、紹介した。
　大沼ひろみ氏は自分の担当する番組の終わりに、次の『ラジオ深夜便』(4月5日)の内容予告をした。その中で
　　　外国語の曲名をひどいカタカナ発音で紹介し
　　　　　　　　　筆者は全く理解できなかった。
(日本語の放送番組担当者に相当する英単語は

　　　　　　　　　announcer
　　　動詞形は　　　　
　　　　　　　　　announce
　　　日本語訳は　　　
　　　「知らせる、発表する、公表する」
大沼氏の話す日本語は、各語の語尾発音が曖昧で、
　　　　　　"announce" と言えるものではない)
そのうえ
　日本語の「さようなら」に相当する外国語を、以下のように、ひどいカタカナ発音で紹介している。

Ⅰ．NHK 番組担当者の日本語感覚

5 / 2, '17 →トルコ語
5 / 16, '17 →韓国語
6 / 6, '17 →ケニア語
6 / 20, '17 →日本語の「秋田弁」
7 / 4, '17 →スペインのバスク地方語
7 / 18, '17 →スペイン語
8 / 22, '17 →インドの地方語＊
9 / 5, '17 →中国の地方語
9 / 19, '17 →バングラディシュの地方語（？）
10 / 3, '17 →ベトナム語
10 / 17, '17 →ロシア語
11 / 7, '17 →ア・ディユー（アクセント辞典から？）
12 / 5, '17 →モンゴル語
1 / 2, '18 →クック諸島の「さようなら」
2 / 6, '18 →フィジーの「さようなら」
2 / 20, '18 →韓国語（？）
3 / 6, '18 →チェコ語

外国語の聞こえ方は、個人によって異なる。従って、カタカナで表記しないのが原則。例えば、筆者にとって日本語の「さようなら」に相当する

仏語→ "au <u>re</u>voir"

の下線部は聞こえない。言い換えれば、仏語 "au revoir" をカタカナ表記にすれば、筆者と筆者以外の方とでは異なる、ということになる。

NHK ラジオ第 2 放送番組『まいにちフランス語（入門編、2017 年 4 月～9 月）』担当の田口亜紀先生（共立女子大学准教授）は、番組の中でわざわざ
　　　　　　「カタカナさようなら」
と毎回言って、注意している。
　NHK ラジオ第 2 放送番組担当者が
　　　　　　「～しないように」
と言ったことを、NHK ラジオ第 1 放送番組担当者が
　　　　　　「実行する」
ことに、筆者は笑っている。

　外国語の発音を、「カタカナで表記してはいけない」例を、つけ加える。
　筆者は在職中の 30 年間、英語を母国語とする男女約 10 人と、協同授業を行った。筆者の姓は「キモト」。ところが、何人かの発音は「ケモト」に近いものだった。
　手元にある英和辞典の説明によれば
　　　短母音 / I / →「イ」と「エ」の中間の母音
となっており、理解できた。

　問題点はさらに続く。
　軽々しく、「インドの地方語」や「中国の地方語」には言及できない。大沼氏は、「インドの地方語」に言及した場合、どれ程の数になるのかが理解できているのだろうか。

I．NHK番組担当者の日本語感覚

デイヴィッド・クリスタル著『言語学百科事典』（大修館）によれば、

「インドの地方語」は

東

アッサム語、ベンガーリー語、オリヤー語

中部

ラージャスターニー語、ビハーリー語

ヒンディ／ウルドウー語

北西

パンジャーブ語、ラフンダー語、シンディー語

パハーリー語、ダルド語

西と南西

グジャラーティー語、マラーティー語

コーンカニー語、マルディブ語、シンハラ語

南

ゴンディ語、テルグ語、カンナダ語、トウル語

マラヤーラム語

となっており、これほどの数である。

　中国はインドより、面積も広く、人口も多い。従って、「中国の地方語」に言及した場合、その説明はさらに複雑になるのではなかろうか。まさに

「言語に関する無知丸出し」

4 話す内容に「論理性なし」

(隔週で水曜日担当) 須磨佳津江氏
　番組終了の時刻が近づくと

　　いつの間にか時は流れるものです。必ず朝が来ます。
　そして活動的な昼が始まります。
　　ラジオと共に始まる今日１日が、よい日でありま
　すように、お祈りしています。

と言う。
「入院患者を受け入れている病院、介護施設、24時間営業しているコンビニ等」では
　　　　　　「活動的な昼が始まります」
　　　　　「ラジオと共に始まる今日１日」
ではなく
　　　　　「活動的なのは昼夜とわず 24 時間」
また夜間警備のような仕事の方々にとっては
　　　　　「活動的なのは昼ではなく夜」
『ラジオ深夜便』担当の須磨氏自身、「活動的なのは昼ではなく夜」だろう。自分で自分自身の言動不一致を、聴取者に伝えていることに、気づかないらしい。
　同じような例として、数年前、某政治家が
　　「自分の家族は、夫婦と子供２人の標準家庭」
と発言し、すぐ取り消した。「夫婦と子供２人の標準家庭」

を希望しても、いろいろな理由で結婚できない方々が抗議したから、ということだった。

　→「アンカーをしながら、リスナーでもある私」
　　　　　　　　　　　　　　　　　　(3 / 16, '16)
論理的に「不可能」では（？）

　→「ああいい１日だったと思える１日を
　　　　　　　　　　お過ごし下さい」(1 / 17, '18)
筆者にとって「ああいい１日だったと思える」のは、「１日の始めではなく、終わり」（？）

5 話す内容に「信頼性なし」

(隔週で水曜日担当) 村上里和氏

「イギリスでは3月の風、4月の雨は
　　　　　5月の花を咲かせる」　(4/26, '17)
　　　　　　　　↓
「イギリスの〜地方では3月の風、4月の雨は
　　　　　5月の花を咲かせる」

となるべきだろう。その理由は

　イギリス (ブリテン島) の
　　　南端は北緯約50度、北端は北緯約58度
　その差は約10度。これを我が国に当てはめると
　　　筆者の住む北九州市は北緯約34度
　　　秋田県のほぼ中央 ← 北緯約44度

となる。毎春発表される、例えば「桜の開花日」は、北九州市と秋田県では、「かなりの差」がでる。従って
　　　北九州市あるいは秋田県の
　　今年の桜の開花は、〜月〜日ぐらいの予定です。
としか言えない。
　　「日本の桜の開花は、〜月〜日ぐらいの予定」
などと言えるはずはない。

＊「イギリスの気候」に関しては、JTB 発行の『ポケットガイド・イギリス』が参考になる。

　イギリスは北緯 50 〜 60 度と、日本よりかなり高緯度であるが、メキシコ湾流と偏西風の影響で気候は温暖で湿度が高い。
　また、一年中雨の降る日が多く、降水日数は最も少ない南東岸で年間 150 日、北西端に至っては 250 日に達する。雨が少ないのは春、5 月で、有名な霧は冬、風のない日に多く発生するが、年間 20 日程度である。
　強風、暴風は 11 月〜 2 月にかけて西海岸と北海岸に多く、時速 60km にも及ぶことがある。

(隔週で金曜日担当) 桜井洋子氏

2017 年 2 月 24 日担当の際、花粉症の季節が近づき、桜井氏自身「クシャミ」をするようになってきたことを言った時

　以前この番組に出演、イギリスへの留学経験のある筑波大学准教授の山口香さん (筆者なら「山口香筑波大学准教授」と言う) によれば、イギリスでは「クシャミはおならのようなもの」とみなされると、仰っていました。

を、つけ加えた。

　この日本語の内容は、「通用しない」ので、その理由を問題点として指摘する。

　問題点１

「イギリスでは〜」と言うことができるのは、例えば

　　　イギリスの政治体制は→立憲君主制
　　　イギリスの経済は→伝統的に貿易に依存している
　　　イギリスの通貨単位は→ポンド（pound）と
　　　　　　　ペンス（単数形は penny で複数形が pence）

のようなことだろう。

　イギリスは "the United Kingdom" と言われるように、独自の伝統や文化を持つ

　　　　　England + Scotland + Wales + Northern Ireland

の集合体。"Scotland" では、「イギリスからの独立」を求める有権者の数はかなり多いと、聞いている。従って
　　　　　　　　イギリスでは〜
などとは言えない。

　問題点２

　英米における「クシャミ」に関する情報として、手元にある英和辞典は（英語→ sneeze）

　　　くしゃみをすると、魂が体から抜け出ると考えられ

ていた。今でも、だれかがくしゃみをすると、周りの人は

   Bless[God bless]you!
 またはドイツ語起源の "Gesundheit!"
と声をかけて、神の加護を祈ることがある。言われた人は "Thank you." と答える。

と説明している。もし「クシャミはおならのようなもの」とするならば、その英語表現を是非知りたいものである。
 筆者の表現方法を以下に示す。

 筆者の滞米経験は3ヶ月半（1975年と76年合わせて）。「日本の祭り」について聞かれた時、筆者の応答は

<u>In Kitakyusyu</u> where I was born and brought up, summer festivals are held in July. People started them praying for a good harvest in October, I hear.
 （私の生まれ育った<u>北九州では</u>、夏祭りは7月に行われます。それは、秋の豊作を祈って始まったと聞いています。……）

 筆者は東京より北、鹿児島より南には、行ったことがないので、このような表現をすることにしている。「日本では〜」などと言えたものではない。
 さらに必要なのは「日時と場所」。従って桜井氏の言っ

た内容は

　以前この番組に出演、イギリスの（地名）へ（日時例えば、〜年から〜年まで）留学経験のある山口香筑波大学准教授によれば、滞在中そこで、「クシャミはおならのようなもの」と人々が言うのを聞いたと、仰っていました。

となるべきだろう。
　自分の言いたいことを他人に伝える時は
　　　　1. 何時（when）
　　　　2. 何処で（where）
　　　　3. 誰が（who）
　　　　4. 何を（what）
　　　　5. どのように（how）
を欠かすことはできないことを、小学生の時、国語の時間に学習したと記憶している。このような基本的なことを理解できなくても、NHKの番組担当者は務まるらしい。
　ついでに、桜井氏の日本語に関することをもうひとつ。何時か「老い」が話題になった時

　私の友人は、ある日サングラスをかけて外出しました。帰宅後、針の糸通しを何度試みてもうまくできなかった。その時、息子さんから、「お母さん、サング

ラスをかけたままですよ」と言われ、帰宅後サングラスを外すのを忘れたまま、針の糸通しをしていたことに気づいた。

と言った。

　この話ほんとうですか。筆者には、「思いつきで嘘っぽい」ように聞こえました。なぜならば、筆者も真夏のみサングラスをかけて外出します。現在70代前半の筆者でさえ、帰宅後サングラスを外すのを忘れたことは、一度もありません。それは
　　　サングラスをかけている時と
　　　サングラスをかけていない時とは
　　　目に入ってくる明るさが全く異なる
からです。

6 話す内容に「自分の怠惰を示唆」

(隔週で木曜日担当) 石澤典夫氏
　番組終了の時刻が近づくと

　　新しい朝がやってきました。既に1日が始まっている方、もう少し休もうという方、2度とこない今日という日を、大切にお過ごし下さい。今日が皆さんにとって、穏やかな1日になりますように。それではまた、次回元気にお会いしましょう。

と言う（筆者は録音することもなく、この個所を文字に変えた）。全く変わらないこの日本語を、石澤氏は何年繰り返しているのだろうか。
　プロのピアニスト秋吉敏子氏が、80歳を越えた時おっしゃった
　　　昨日と同じことをして満足するなら
　　　　　　　　生きている意味がない。
　　　努力しない限り、新しいものは生まれない。
を参考にすればいい。

2) 聴取者軽視の日本語

1 語句が長すぎて理解しにくい

(隔週で月曜日担当) 明石勇氏 (2017年3月まで)
　→「ライフ・アンド・エンディング・センター
　　　　　　　　　　　　理事長」 (11 / 16, '15)
「Life and Ending Center 理事長」という意味だろうか。
これほどの長さになると、「カタカナ発音」による理解
は難しい。なぜ
　　　　　「生と死を考える会」理事長
とでも、言えないのだろうか。

(隔週で月曜日担当) 徳田章氏
　→「日本認知症ワーキング・グループ代表の〜」
　　　　　　　　　　　　　　　　　(9 / 4, '17)
　これほどの長さになると、聞きとりにくい。何らかの
工夫が必要では。例えば
「日本認知症ワーキング・グループでその代表の〜」
とするだけでも、聞きとりやすくなる。

(隔週で金曜日担当) 迎康子氏
　→「港神戸開港150年記念神戸ジャズ
　　　　　　　　フェスティバル」(12 / 1, '17)

「港神戸が開港して 150 年になります」と
　「それを記念しての神戸ジャズフェスティバル」
に分けなければ、理解は難しい。

　→（四万十川流域でクリニック経営の
　　　　　　院長の話）で「命の仕舞」(2 / 2, '18)
「四万十川流域でクリニック経営の院長の話」と
　　　　　　「命の仕舞」
の間に何かを挿入しないと、聞きとりにくい。

(隔週で土曜日担当) 中村宏氏
　→「京都高低差学会理事長（?）」(9 / 16, '17)
　　「京都高低差学会の理事長」とするだけで、かなり
　理解し易くなる。

Ⅰ．NHK番組担当者の日本語感覚

❷ 語句の意味が広すぎて曖昧

(隔週で月曜日担当) 明石勇氏 (2017年3月まで)
　→「思い出のエンターテイナー」　　(10 / 31, '16)
　　　　　　　　entertainer
「思い出のエンターテイナー」と言って、「越路吹雪さん」を紹介した。筆者にとって、越路吹雪さんは「歌手」としか、表現のしようがない。確かに
　　　　entertainer →楽しませる人、芸人
とあるが、わざわざ「エンターテイナー」と言う必要はなかろう。
　ほぼ同じような例として
(隔週で木曜日担当) 石澤典夫氏は
「思い出のエンターテイナー」(11 /10, '16) と言って
　　　　　　故・森光子さん (俳優)
を紹介した。
　また (隔週で土曜日担当) 中村宏氏は
「エンターテイナーのグッチ裕三さん」(1 / 7, '17)
と言ったが、これでは、グッチ裕三さんがどのような分野の芸人なのか、理解できない。

(隔週で月曜日担当) 工藤三郎氏
　→「打楽器奏者」　　　　　　　　　(6 / 12, '17)

(隔週で水曜日担当) 須磨佳津江氏

→「音楽学者」　　　　　　　　　　（10 / 4, '17）

(隔週で木曜日担当) 芳野潔氏
　→「歌人」　　　　　　　　　　　　（3 / 8, '18）
　手元の国語辞典によれば
　　　　　歌人→作歌をライフワークとする人
となっている。

(隔週で金曜日担当) 迎康子氏
　→「ライターで編集者」　　　　　　（10 / 20, '17）
　英語の世界で"writer"というのは
　　　　　novelist →小説家
　　　　　essayist →随筆家
　　　　　poet →詩人
　　　　　critic →批評家　など
　どこかの出版社に勤務しながら、何かを書いているのだろうか。

(隔週で日曜日担当) 後藤繁榮氏
　→「書評家」　　　　　　　　　　　（5 / 21, '17 ）
　どのような分野を専門とする「書評家」だろうか。

Ⅰ．NHK番組担当者の日本語感覚

❸理解できない日本語

「説明」が必要では（？）

(隔週で月曜日担当) 工藤三郎氏
 →（某シンガー・ソングライターの話）で
　　　　　「私は場面緘黙症（？）」(2 / 26, '18)

(隔週で火曜日担当) 遠藤ふき子氏
(2017年3月まで。それ以降は時々他の曜日を担当)
　　　→「同名異曲・異曲同名集（？）」
　　　　「同曲異名・異名同曲集（？）」 (8 / 26, '17)

(隔週で火曜日担当) 宮川泰夫氏
 →「コカイドウ研究家」　　　　　(7 / 26, '16)
　　古街道（？）
 →「ジシ遺族の会」　　　　　　　(3 / 14, '17)
　　自死（？）

(隔週で水曜日担当) 須磨加津江氏
 →「積み木職人（？）」　　　　　　(7 / 6, '16)

 →「ノウカツ」　　　　　　　　　(7 / 20, '16)
　　脳活（？）

→「グウジ」　　　　　　　　　　　（12 / 21, '16)
　　　宮司（？）

(隔週で水曜日担当) 村上里和氏
　　→「伝統野菜の八百屋」　　　　　　（9 / 27, '17)
「伝統野菜」と「そうでない野菜」の線引きは、どのようにするのだろうか。
　茄子や胡瓜は「伝統野菜」(？)トマトやピーマンは(？)筆者のよく行くスーパーマーケットには、大抵「ピーマンとパプリカ」は並べて置かれている。

　→川中美幸さんの歌で「やらずの雨」　（11 / 29, '17)
　　手元の国語辞典によれば
　　やらずの雨（遣らずの雨）
　　→来客を帰さないためであるかのように
　　　　　　　　　　　　　　降ってくる雨。
となっている。説明がなければ、聴取者は意味が理解できない。

(隔週で木曜日担当) 石澤典夫氏
　　→「キツオン・ドクター」　　　　　（12 / 10, '15)
　　　吃音（？）

　　→「何のためのシュウカツ」　　　　（9 / 29, '16)
　　　「就活」あるいは「終活」（？）

Ⅰ．NHK 番組担当者の日本語感覚

(隔週で木曜日担当) 川野一宇氏 (2017 年 3 月まで)
　→「私ジマイの極意」　　　　　　　(11 / 3, '16)
　　「仕舞い」、あるいは「終い」(？)

　→「片づけ力は生きる力 (？)」　　　(1 / 19, '17)

(隔週で木曜日担当) 芳野潔氏
　→「石田純一さんの<u>もてる読書</u>」　　(5 / 4, '17)
　　　　　　(？)

　→「妻をしまって、夫を<u>しまう</u>」　　(9 / 21, '17)
　　「<u>しまう</u>」というのは→「終う」で
　　　　　　　　　　終わりにする
という軽い意味だろうか。それとも
　　　　　　何かを確実 (完全) にし終える
という重い意味だろうか。

　→「生きるためのシセイガク」　　　　(2 / 22, '18)
　　　　　　(？)

(隔週で金曜日担当) 桜井洋子氏
　→「かもめのばんか」　　　　　　　(8 / 11, '17)
　　「晩夏」あるいは「挽歌」(？)
歌手加藤登紀子さんの歌う曲名として、紹介した。

手元の国語辞典の説明は
　　晩夏→夏の終わりごろ
　　挽歌→人の死を悲しみいたむ歌
となっているが、どちらの意味だろうか。

(隔週で金曜日担当) 迎康子氏
　→「<u>アンカーを務めていました</u>
　　　　　伊藤健三・<u>アナウンサー</u>（？）」（6 / 17, '16)

　→「ドノウで作る発展途上国」　　　　（9 / 30, '16)
　　　<u>土嚢</u>（？）
　　　（土を詰め込んだ袋）で作る発展途上国（？）

　→「ワシ作家」　　　　　　　　　　　（6 / 30, '17)
　　　和紙（？）

　→「知れば得する行動経済学（？）」　　（9 / 1, '17)

　→「立命館大学コキコウガク研究センター長の話」
　　　　　古気候学（？）　　　　　（10 / 6, '17)

　このような場合は、一音ずつ漢字を当てなければ、理解は難しい。

I．NHK番組担当者の日本語感覚

(隔週で土曜日担当) 中村宏氏
　→「ウショウ」　　　　　　　　　　(7 / 2, '16)
　　　鵜匠（鵜飼いの師？）

　→「音の絵本」　　　　　　　　　　(7 / 8, '17)
「本」は通常、音が出るようにはなってはいないのでは（？）

(隔週で日曜日担当) 後藤繁榮氏
　→「徳田章<u>アナウンサー</u>」と言いかけて
　　「徳田章<u>アンカー</u>」と訂正したのはなぜ（？）
　　　　　　　　　　　　　　　　　　(6 / 5, '16)

(隔週で日曜日担当) 森田美由紀氏
　→「ヒコウゲイサッカ」　　　　　　(10 / 9, '16)
　　　皮工芸作家（？）

　→「音楽の旅・スペインの<u>シジョウ</u>」　(2 / 26, '17)
　　　　　　　　（？）

　→「<u>キカン</u>日本の音」　　　　　　(6 / 25, '17)
　　　季感（？）
　→「<u>キカン</u>深夜便」　　　　　　　(8 / 27, '17)

　　　　　　＊日本語＋カタカナ

(隔週で月曜日担当) 工藤三郎氏
　　→「ラテン歌謡曲集」　　　　　　　　　(6 / 26, '17)
「ラテン歌謡曲集」と言って、西田佐知子さんの『コーヒー・ルンバ』を紹介した。
　英単語 "Latin" の日本語訳は「形容詞」で
　　　→ラテン民族の、ラテン系の、ラテン語の
　　　「名詞」で→「ラテン語」
となっている。
　　　　　　　　　Latin+ 歌謡曲
は可能（？）

(隔週で月曜日担当) 高橋淳之氏
(2017年3月まで。それ以降は時々他の曜日を担当)
　　→「コウシュウ・ワイナリー」　　　(10 / 26, '15)
　　　　　　　　winery
　　　　「甲州 + winery」（？）

(隔週で火曜日担当) 大沼ひろみ氏
　　→「日本水フォーラム代表理事」　　　(7 / 4, '17)
　　　　　　　　forum
　"forum" の日本語訳は→「公開討論会」

　　→「フリルタイプのシクラメン」　　　(12 / 19, '17)
　　　　frill

"frill" の日本語訳は→「ひだ飾り」

(隔週で火曜日担当) 宮川泰夫氏
　　→「人生を変えるポートレット」　　（1 / 23, '18）
　　　　　　　　　portrait（？）
" portrait " の日本語訳は
　→（特に顔だけの）肖像画、肖像写真
　　（人物・風物の）描写

(隔週で金曜日担当) 桜井洋子氏
　　→「松江観光プロデューサー」　　（2 / 24, '17）
　　　　　　　producer
" producer " の日本語訳は
　　　→（劇や映画などの）プロデューサー
　　　　製作者（特に経済面での責任者で、director
　　　　のように俳優の演出はしない）

→「古よりアート生きづく町—富山」　（9 / 29, '17）
　　　　　art
" art " の日本語訳は
　　　→芸術、美術、美術作品
　　　　技術、技芸、こつ
　　　　人工、技巧

＊同じような例として

(隔週で月曜日担当）高橋淳之氏
(2017年3月まで。それ以降は時々他の曜日を担当)
　　→「<u>アート</u>で笑おう」　　　　　　　（5 / 23, '16)
(隔週で火曜日担当）遠藤ふき子氏
(2017年3月まで。それ以降は時々他の曜日を担当)
　　→「<u>アート</u>は脳のチョコレート」　　（3 / 21, '17)
(隔週で水曜日担当）村上里和氏の
　　→「人と<u>アート</u>をつなぐ」　　　　　（3 / 14, '18)

　　→「朗読シアター」　　　　　　　　　（11 / 24, '17)
　　　　　　theater
"theater"の日本語訳は→「劇場」
「朗読劇場」（？）

　　→「ムード音楽」　　　　　　　　　　（12 / 29, '17)
　　　　mood
"mood"の日本語訳は
　　　　　　→（一時的な）気分、気持ち

　　→（誕生日の花）「ミツバツツジの花は
　　　　　　　　　　　　<u>ロート</u>状」（3 / 23, '18)
　　　　　　　　　　（？）

(隔週で金曜日担当）迎康子氏
　　→「世界はビーズでつながっている（？）」（3 / 3, '17)

1．NHK番組担当者の日本語感覚

　　　　　beads
"beads" の日本語訳は
　　　　→（複数形で）数珠、ロザリオ

（隔週で日曜日担当）後藤繁榮氏
　　→「ナロウ・ゲージで走る鉄道」　　　（10 / 30, '16）
　　　　narrow　　gauge
"narrow gauge" の説明は
　　→《狭軌》
　レールの間隔が 1.435 メートルに満たないもの。

（隔週で日曜日担当）森田美由紀氏
　　→「ナイト・ガイドはスポトク」　　（7 / 23, '17）
　　　　　　　　　（？）
　　→「ナイト・ガイドはスポトピ」　　（8 / 27, '17）
　　　　　　　　　（？）

(2) 英語教育への妨害

1）英語アルファベット及び英単語の発音

英語アルファベットの発音ができないらしく、英単語を、英語とはかけ離れたカタカナで発音した例

1 英語アルファベット [F] 音を
　　　カタカナ発音で代替した例

(隔週で月曜日担当) 工藤三郎氏
　→（曲名）「夜のプラットホーム（?）」（8 / 14, '17)
　　　　　　　　platform

(隔週で火曜日担当) 遠藤ふき子氏
(2017年3月まで。それ以降は時々他の曜日を担当)
　→「ホーク・ダンス」　　　　　　　（8 / 26, '17)
　　　folk　　dance
　ついでに、下線部の英単語は "folk" であり、"fork" ではない。
　"folk" の日本語訳は→「人々」
　"fork" の日本語訳は→「(食事用の) フォーク」
　発音の違いは

Ⅰ．NHK 番組担当者の日本語感覚

"folk" → [fouk]（二重母音）と "fork"[fɔːk]（長母音）

(隔週で木曜日担当) 石澤典夫氏
 →「美しいランニング・ホーム」 (7 / 28, '16)
    running form

(隔週で水曜日担当) 迎康子氏
 →英語の [F] 音と [H] 音の区別が全くできない。
 「マイ・フェア・レディ」 (6 / 3, '16)
   My Fair Lady
"fair" と "hair" は全く異なる音。同様に

 →「ユニバーサル・ファッション」 (9 / 16, '16)
    universal   fashion

 ＊英語アルファベット [F] 音は
  上歯を下唇に当て、その隙間から出す息の音。

❷英語アルファベット [L] 音と [R] 音の区別をせず
 ひとつのカタカナ発音で済ませた例

    [L] 音
(隔週で月曜日担当) 工藤三郎氏
 →（ピアノ演奏曲）で「モーニング・ライト」
      morning light

(1 / 29, '18)

「朝の光」という意味を伝えるためには

    "right" ではなく "light"

をしっかり発音しなければならない。

(隔週で月曜日担当) 徳田章氏

 →「クリニック院長」   (7 / 31, '17)

    clinic

　発音が難しいので、筆者にとって「避けたい英単語」のひとつ。例えば「熱っぽいので、病院（医院）に行ってきます」は

   As I feel feverish, I go to see Dr, 〜.

と言って、"clinic" の使用を避ける。

(隔週で火曜日担当) 宮川泰夫氏

 →「なまこに学ぶスローライフ」 (6 / 13, '17)

     slow life

(隔週で日曜日担当) 森田美由紀氏

 →「クリーン・オリンピック実現のために」

   clean   Olympic (7 / 9, '17)

 →「サイレント・ナイト」 (12 / 24, '17)

    silent night

[L] 音と [R] 音

(隔週で月曜日担当）高橋淳之氏

(2017 年 3 月まで。それ以降は時々他の曜日を担当)

　→「ロック・クラシックス」　　　　　(9 / 26, '16)
　　　 rock　　　　classics

(隔週で火曜日担当）遠藤ふき子氏

(2017 年 3 月まで。それ以降は時々他の曜日を担当)

　→「昔のスクリーン・メロディー」　　(1 / 3, '17)
　　　　　screen　　　　melody

(隔週で木曜日担当）石澤典夫氏

　→「女心をロックする」　　　　　　　(1 / 26, '17)

「ロック」は、"lock" と "rock" の両方考えられる。それぞれの日本語訳は「他動詞」で

　　　lock →鍵をかける、閉じ込める、固定させる
　　　rock →揺り動かす、振動させる

となるが、どちらの意味だろうか。

＊英語アルファベット [L] 音は
　舌先を上の歯茎につけ、舌の両側から出す音。
　[R] 音は
　舌の中央をもり上げ、どこにも触れずに出す音。

3 英語アルファベット [S] 音を
　　　カタカナ発音で代替した例

(隔週で火曜日担当) 遠藤ふき子氏
(2017年3月まで。それ以降は時々他の曜日を担当)
　→「シンガー」　　　　　　　　　　(10 / 6, '15)
　　　singer
　→「喜びのシンフォーニー」　　　　(4 / 5, '16)
　　　symphony

(隔週で水曜日担当) 村上里和氏
　→「ジャズ・シンガー」　　　　　　(6 / 14, '17)
　　　jazz　　singer

(隔週で金曜日担当) 迎康子氏
　英語の [S] 音と [SH] 音の区別が全くできない。
　　　　「シンボル」　　　　　　　　(3 / 31, '17)
　　　　　symbol
のカタカナ発音はひどかった。「象徴」を意味する英単語の
　"symbol" は "shymbol" にすることはできない。

　→（国名）「マレーシア」　　　　　 (4 / 21, '17)
　　　　　Malaysia

＊迎氏の中・高校6年間の英語学習は
　「黙読による入試のための英語学習」
だったと推測できる。中学1年時に学習する
　「英語アルファベットの発音ができない」
のみならず
　sea（名詞で「海」）あるいは see（動詞で「見る」）と
　she（3人称単数形の女性代名詞で「彼女」）
を区別することなく、6年間過ごしたことも推測できる。

(隔週で日曜日担当) 後藤繁榮氏
　→「ダンシング」　　　　　　　　　(8 / 16, '15)
　　　　dan<u>c</u>ing
　→「ロック・シンガー」　　　　　　(3 / 19, '17)
　　　rock　　<u>s</u>inger

＊後藤氏のカタカナ発音はまるで
　正式に、外国語としての英語教育を全く受けたことのない、小学生のような幼稚さ。

(隔週で日曜日担当) 森田美由紀氏
　→「ミシシッピー」　　　　　　　　(10 / 11, '15)
　　　Mi<u>ss</u>i<u>ss</u>ippi

4 英語アルファベット [Z] 音を
　　　カタカナ発音で代替した例

(隔週で月曜日担当) 高橋淳之氏
(2017年3月まで。それ以降は時々他の曜日を担当)
　→「ミュージシャン」　　　　　　　(8 / 29, '16)
　　　　　mu<u>s</u>ician

(隔週で火曜日担当) 宮川泰夫氏
　→「光りと影のファンタジー」　　　(9 / 12, '17)
　　　　　fanta<u>sy</u>

(隔週で水曜日担当) 村上里和氏
　→「思い出のスクリーン・ミュージック」(11 / 25, '15)
　　　　　screen　　　　　mu<u>s</u>ic
　NHKラジオ第1放送番組『ラジオ深夜便』担当者は、ほぼ全員、"music" の英語らしい発音ができない。その中でも村上氏ほど、"mu<u>s</u>ic" の下線部を、汚らしくカタカナ発音するのも珍しい。一度英語音声学の専門家に、「その汚らしさの度合い」を、測定してもらえばいい。
　　　　「思い出の<u>スクリーン</u>・<u>ミュージック</u>」
　　　　　　　　　　↓
　　　　　　　「思い出の<u>映画音楽</u>」
と言えば、何の問題もなかろう。

＊村上氏の中・高校6年間の英語学習は
　　「黙読による入試のための英語学習」
だったと、推測できる。中学1年時に学習する
　　「英語アルファベットの発音ができない」
のみならず
　 [Z] 音→ mu<u>s</u>ic, maga<u>z</u>ine（雑誌）
　 [ʒ] 音→ plea<u>s</u>ure（楽しみ、喜び、愉快、満足）
　　　　　 trea<u>s</u>ure（宝物、財宝、貴重品、重要品）
の区別をしなかったことも、推測できる。

（隔週で金曜日担当）迎康子氏
　→「愛のファンタジー」　　　　　　（8 / 5, '16）
　　　　fanta<u>sy</u>
　→「ミュージカル音楽特集」　　　　（9 / 2, '16）
　　　mu<u>s</u>ical

（隔週で土曜日担当）住田功一氏
　→「ミュージシャン」　　　　　　　（6 / 10, '17）
　　　　mu<u>s</u>ician

（隔週で土曜日担当）中村宏氏
　→「ミュージカル俳優」　　　　　　（6 / 3, '17）
　　　mu<u>s</u>ical

＊英語アルファベット [S] 音と [Z] 音は

舌先を上の前歯の裏に近づけ、その隙間から「ス」と息を出す時の音。この時「ズ」と声を出せば [Z] 音になる。

＊英語 [ð] 音をカタカナ発音で代替した例

（隔週で水曜日担当）村上里和氏
　→（曲名）「Godfather—愛のテーマ」　　（9 / 27, '17）

（隔週で金曜日担当）迎康子氏
　→（曲名）「I don't know either.」　　（9 / 22, '17）

（隔週で土曜日担当）中村宏氏
　→「シングル・マザーに寄り添う」　　（2 / 3, '18）
　　　　single　　mother

筆者が担当する外国語としての英語の授業中、もし学習者が英単語 "father"、"either"、"mother" の下線部を、カタカナ発音をしたら、その日予定の教材は次回に延ばしてでも、発音に関する注意をする。繰り返すことになるが
　　　　英語の [TH] 音と [S] 音は全く異なる
　[TH] 音→舌先を上の前歯の裏にかるく当てて、その
　　　　　隙間から息を出す音。
　[S] 音→ 舌先を上の前歯の裏に近づけ、その隙間か

ら「ス」と息を出す時の音。

＊追加1
(隔週で火曜日担当) 遠藤ふき子氏
(2017年3月まで。それ以降は時々他の曜日を担当)
　→「N<u>H</u>K」　　　　　　　　　（1 / 24, '18）
　下線部の発音は [エッチ」ではなかろう。

　英語アルファベット [W] 音を、英単語 "double"
　　　　　と同じ発音をした
(隔週で火曜日担当) 大沼ひろみ氏　　　（7 / 4, '17）
(隔週で木曜日担当) 石澤典夫氏　　　　（7 / 27, '17）

(隔週で土曜日担当) 中村宏氏
　→「アウン・フォーゲッタブル」　　（3 / 12, '16）
　　　　　unforgettable (?)

　追加2
(隔週で木曜日担当) 川野一宇氏（2017年3月まで）

　→ NHK では、以前放送した番組を再度聞くことがで
　　きる、「ストリーミング・サービス」を行っています。
　　　　　　　　　　　　　　　　　　（2 / 16, '17）
　筆者は高校の英語教育を30年間担当したので
　　　ストリーミング→ streaming

は可能だが、果たして一般のどれ程の方々が、可能だろうか。

　NHKでは、以前放送した番組を再度聞くことができます。（そしてその内容と方法を続ける）
で充分なのに、なぜ英語表現（？）の
　　　　　　ストリーミング・サービス
を聴取者に伝えなければならないだろうか（？）

　ついでに、英語発音に関する問題点をつけ加える。
"streaming" の原形は "stream"。日本人にとってこの動詞の発音は、極めて難しい。その理由は
　子音が連続する場合（この場合は）
　　　　　　S+T+R+e+a+m
　　　　　　ス＋ト＋リ
のように、母音が入った発音になる傾向（おそらく日本語の影響だと思われる）が、日本人にはある。このことについて、筆者は在職中、英語を母国語とする人達とのティーム・ティーチング（team-teaching）の際、注意されている。
　　　　S+T+R の個所は母音を入れずに
　　　　　一気に発音しなければならない
　川野氏は、この典型的な悪例を示しているではないか（？）

　我が国では、英語を外国語教育として、中学校１年次から始める。英語アルファベットの学習は、その最初の

時間に行われる。

　中学校の英語は、週3時間で3年間。我が国では中学校教育は義務教育だから、履修のみで修得は問わない。

　ところが高校の英語教育の内容は、中学校3年間の履修・修得を前提にしたものになっている。高校は義務教育ではないのだから、学校側の規定する英語の単位数の履修のみならず、当然修得が要求される。それがなければ、卒業に必要な単位数が不足し、卒業はできないはずである。

　我が国では、国民の約95パーセントが高校卒業の資格を得ている。言い換えれば、外国語としての英語を6年間学習した内容を、修得したと認められている。

　それにもかかわらず、中学校1年時の最初の英語授業で学習する

　　　　　　英語アルファベットの発音が
　　　　修得できていないNHK番組担当者

のことが、毎日聴取者に伝わっている。このことは、

　　　「我が国のデタラメな英語教育行政*」

の表れだろう。それでも文部科学省の中・高校教育の関係者、都道府県教育委員会は「知らぬふり」。

　筆者は、英語の発音に関し
　　「英語を母国語とするような発音
　　　　　　を要求しているのではない」

現状の
　　「英語の発音とはかけはなれた
　　　　　　　　　カタカナ発音ではなく」
せめて
　　「外国語としての英語学習経験者らしい発音」
を要求しているだけである。

　筆者の教育業としての在職期間は30年間。そのために、「無知」ということに関しては敏感に反応する。「中学校1年次の学習事項が理解できていない」ことが、他人に知れたら、とても恥ずかしい。

　他方、NHK番組担当者は、そのようなことが聴取者に伝わっても、恥ずかしくないらしい。そのような放送番組担当者を多数抱えるNHKは
　　　　　　　「恥知らず集団」
その「恥知らず集団」の頂点に立つのはNHK会長。それを支えているのは総務大臣と総理大臣。

　筆者はこのことを
　　　　　　　「日本笑い話」
とみなし、NHKの放送番組を視聴する（毎日）時には、文字通り「笑っている」。

＊筆者は在職中、英語科教員の研修に関する「デタラメな英語教育行政」を経験しているので、予想はできる。
　1977年度、福岡県教育センターに於ける断続研修講座（週1回、年間35回）に参加した。前年度福岡県高

等学校英語研究部会発行の『会報』に、筆者が投稿した『私の見たアメリカ』が掲載されていたので、早速話題になった。

その時、県教育センター英語研究主事が筆者のことを
He is rich.（彼は金持ち）
と言ったことには、呆れた。

その理由は、一人稼ぎ（共稼ぎではない）の筆者の家庭に、「金持ち」は全く当てはまらなかった。筆者が1975年度と翌年（1976年度）2回、『夏期米国における英語研修講座』に参加したのは

❶自分の目でアメリカ合衆国を見る。

❷自己研修は自己負担で行う。

を、教員として働き始めて、すぐに決心していたからである。その理由は

❶中学校1年次より学習した英語は、「イギリス英語ではなくアメリカ英語」だった。

❷自己研修は自己負担でなければ、自由にものが言えない。

それを30歳過ぎて、ようやく実現させた。当時の金額で約200万円ほどの支出だったので、家計を脅かした。それでも、なるべく早めにアメリカ合衆国を見ることにより、「自己研修の将来像が見つかるのではないか」という、期待感があった。これは以後筆者の研修目標が、「アメリカ合衆国研究」となり、的中した。

30歳を過ぎたばかりの筆者だったが、英語研究主事

と立場が入れ替わっていれば

　I'm happy to help you continue your in-service training.
（あなたの研修継続の手伝いができれば、幸いです）
ぐらいは言うことができた。

　さらに呆れたことは、「研修講座の内容」に関することだった。研修講座には、「NHKラジオ第２放送番組の英語会話」があった。筆者は高校時代のほぼ３年間、この番組を聞き、まちがいなく、そのレベルの英語を話すことは習得できていた。中・高校英語科教員向けの研修講座に、なぜ高校生向けの「NHKラジオ第２放送番組の英語会話」（？）

　後に分かったことだが、「研究主事」というのは、「管理職予備軍」の一人らしかった。従って、「研究実績など全くない研究主事」。以後筆者は、「福岡県教育委員会の息のかかった研修講座」には、参加しないことにした。

2）「カタカナ発音」では、伝わらない英単語

(隔週で月曜日担当) 工藤三郎氏
　→ピョンチャン・オリンピック閉会式の
　　フィギュア・スケートのエキシビション
　　　　　　　　　　　　　exhibition　　（2 / 26, '18）
　"exhibition" の日本語訳は
　　→ 展覧会、展示会、博覧会
　　　［単数形で］（人の前で）見せること

Ⅰ．NHK番組担当者の日本語感覚

発揮（すること）

(隔週で月曜日担当) 徳田章氏
　→「宇宙航空研究開発機構の
　　　　　　　フライト・サージャン」（5 / 8, '17）
　　　　　　　flight　　　surgeon
　"flight" の日本語訳は
　　　　→空の旅、飛行距離、飛行
　"surgeon" の日本語訳は→「外科医」

(隔週で火曜日担当) 遠藤ふき子氏
(2017年3月まで。それ以降は時々他の曜日を担当)
　→「ミッション・マネージャー」　　（8 / 1, '17）
　　　　mission　　　manager
　"mission" の日本語訳は
　　　　→天職、（一生の）使命、任務、役目
　"manager" の日本語訳は
　　　　→経営者、支配人、幹事、主事
（民間企業が、北海道からロケットを打ち上げることになったことに関する用語らしい）。

(隔週で火曜日担当) 大沼ひろみ氏
　→「バード・サンクチュアリ」　　　（11/ 21, '17）
　　　bird　　　sanctuary
　"bird" の日本語訳は→「鳥」

"sanctuary" の日本語訳は
→禁漁区、(野生動物などの) 保護区

(隔週で水曜日担当) 須磨佳津江氏
　→「アコースティック・ギターにのせて」(2 / 21, '18)
　　　　acoustic　　　　guitar

(隔週で木曜日担当) 石澤典夫氏
　→「グリーフ・ケア協会会長」　　(11 / 24, '16)
　　　　grief　　care
"grief" の日本語訳は→「深い悲しみ、悲嘆」
"care" の日本語訳は→「世話、保護」

　→「バレー音楽の楽しみ」　　　(10 / 26, '17)
　　　　ballet
カタカナ発音で
　"ballet" →バレエ、バレエ劇[曲]、バレエ団
　"valley" →谷、谷間、渓谷、(大河) の流域
　"volley" →一斉射撃、(質問・悪口などの) 連発
を、どのように区別するのだろうか。

(隔週で木曜日担当) 川野一宇氏 (2017年3月まで)
　　→「タッチ・カービングの世界」　(10 / 6, '16)
　　　　touch　　　carving
　それぞれの日本語訳は

I．NHK番組担当者の日本語感覚

"touch" →「（芸術家の）手法、手触り、感触」
"carving" →「彫刻、彫刻術」

（隔週で土曜日担当）中村宏氏
　→「ロック・アラウンド・クロック」（11 / 21, '15）
　　　　rock　　　around　　　the clock
という意味だろうか（？）
　"around [round] the clock" の日本語訳は
　　　　　　→まる一日中、昼夜兼業で
定冠詞（the）を落とさないように。

3）理解できない「カタカナ語」

　以下のカタカナ語を、英単語に変え、その日本語訳を確認しても、筆者は理解できない。

（隔週で月曜日担当）工藤三郎氏
　→「帝京平成大学ヒューマン・ケア学部関係者の話」
　　　　　　　　　　human　　care　　（10 / 9, '17）
　"human" の日本語訳は、「形容詞」で
　　　　→人間の、人の
　　　　　人間的な、人間らしい、人間にありがちな
「名詞」で→「人間」
　"care" の日本語訳は
　　　　→世話、保護、管理、責任

　　　　用心、注意、配慮
　　　　心配、気苦労、悩み

(隔週で水曜日担当) 村上里和氏
　→「コズミック・サウンド・プレーヤー」(6／29, '16)
　　　　cosmic　　　sound　　　player
　"cosmic" の日本語訳は→「形容詞」で→「宇宙の」
　"sound" の日本語訳は→「音、音響、物音」
　"player" の日本語訳は→「演奏者、演奏装置」

(隔週で木曜日担当) 石澤典夫氏
　→「フュージョン・ミュージック (?)」(3／1, '18)
　　　　　fusion　　　　　music
　"fusion" の日本語訳は
　　→溶解、融解、融和、融合、(政党などの) 連合
　"music" の日本語訳は
　　→音楽、音楽作品、楽曲

(隔週で木曜日担当) 芳野潔氏
　→「北九州フィルム・コミッション事務局長」
　　　　　　　film　　　commision　　(10／5, '17)
　"film" の日本語訳は
　　　　　→ (写真) フィルム、(英) 個々の映画
　　　　　　(表面の) 薄膜、薄皮
　"commision" の日本語訳は

　　　　→ 手数料、歩合、口銭
　　　　　委員（会）
　　　　　（任務などの）委任、委託
　　　　　（仕事などの）依頼
　　　　　（罪を）犯すこと

（隔週で金曜日担当）桜井洋子氏
　　→「オリンピックのイメージ音楽」　　（8 / 12, '16）
　　　　　　Olympic　　　　image
　　"image" の日本語訳は
　　　　　　→（心に描く）像、姿、形、概念

　→「ノスタルジック・スタンダード集」（5 / 26, '17）
　　　　　　nostalgic　　　　standard
　　"nostalgic" の日本語訳は→「形容詞」で「郷愁の」
　　"standard" の日本語訳は→
　　　　　→（ポピュラー曲の）標準的な演奏曲目

　→「エンディングのテーマ」　　　　　（9 / 15, '17）
　　　　　　ending　　　　theme
　　"ending" の日本語訳は
　　　　　→（物語などの）終わり、終結、結末
　　"theme" の日本語訳は
　　　　　→《音楽》主題、主旋律
　　"theme song" で

→（映画・ミュージカル）などの主題歌
　　　（テレビ・ラジオの）テーマ音楽

（隔週で金曜日担当）迎康子氏
　→「人事キャリア・コンサルタント」　（11 / 3, '17）
　　　　　career　　　　consultant
　"career" の日本語訳は
　　　　→職業、経歴、履歴、生涯
　"consultant" の日本語訳は
　　　　→顧問、（専門的な）相談相手
　（これらの日本語訳を「人事」と、どのように組み合わせるのだろうか）。

（隔週で土曜日担当）住田功一氏
　→「サウンド・クリエーター」　　　　（7 / 9, '16）
　　　　sound　　　　creator
　"sound" の日本語訳は→「音、音響、物音」
　"creater" の日本語訳は→「創造者、創作者、創設者」

　→「スタンダードの楽しみ」　　　　　（9 / 9, '17）
　　　　　standard
　"standard" の日本語訳は、この場合おそらく
　→（ポピュラー曲の）標準的な演奏曲目

（隔週で土曜日担当）中村宏氏

→「バルーン造形会社社長の話」　　　(3 / 3, '18)
　　　　baloon
"baloon" の日本語訳は→「気球、風船玉」
どちらの意味だろうか。

(隔週で日曜日担当) 後藤繁榮氏
　→「ジャズ・プレーヤー」　　　　(8 / 16, '15)
　　　　jazz　　　player
"player" の日本語訳は、この場合おそらく
　　　　　→ (楽器の) 演奏者
どのような楽器の演奏者だろうか。

　→「70年代アイドル・ファイル―山口百恵」(10 / 1, '17)
　　　　　　idol　　　file
"idol" の日本語訳は
　　　　　→偶像、崇拝 (敬愛) される人 (もの)
"file" の日本語訳は
　　　　　→綴じ込み (帳)、書類ばさみ
　　　　　(あることに関する) 書類、記録
(「70年代の人気俳優で歌手の山口百恵さん」、という意味だろうか)。

(隔週で日曜日担当) 森田美由紀氏
　→「NHK ピョンチャン (韓国) (冬期) オリンピック
　　　　のナビゲーター」(1 / 14, '18)

navigator

"navigator" の日本語訳は
　　　→航海者、航行者、(航空機の) 航空士

＊筆者には理解できない、音楽関連のカタカナ語
(隔週で月曜日担当) 徳田章氏の
　　→「ジャズ・ボーカルのスタンダード集」
　　　　　　　　　　　　　　　　(7 / 17, '17)

(隔週で木曜日担当) 石澤典夫氏
　　→「カントリー・ポップス集」　　(6 / 29, '17)

(隔週で土曜日担当) 住田功一氏の
　　→「アダルト・ポップス・ロック集」　(7 / 1, '17)
　　→「せりふ入り歌謡ポップス集」　(8 / 12, '17)

(隔週で土曜日担当) 中村宏氏の
　　→「口笛ポップス集」　　　　　　(7 / 22, '17)
　　→「ジャパニーズ・ポップス・クラシックス」
　　　　　　　　　　　　　　　　(2 / 17, '18)

＊「〜トーク (talk)」、「トーク (talk)」〜に関して

(隔週で木曜日担当) 川野一宇氏 (2017年3月まで)
　　→「アンカー・トーク」　　　　　(2 / 16, '17)

I．NHK番組担当者の日本語感覚

   anchor   talk

 これを聞いて、理解できる聴取者はどれくらいいるだろうか。筆者は既に、前著『「英語一辺倒」の外国語教育をもうやめよう』で、川野氏の用いる日本語の問題点を指摘し、その中にあった

   「〜アンカー」と「〜アンカー」の
      くりひろげるトーク。

から推測した。

 まさに「開いた口が塞がらない」とは、このようなことだろう。外国語としての英語教育を6年間以上受け、さらに母国語である日本語とは、何十年間と接してきたはずである。

   anchor（総合司会者）＋ talk（話、談話、座談）
        ↓
     成立しないのでは（？）

 筆者の担当する英語授業の中で、もし学習者がこのような造語を試みたら、授業を中断してでも注意する。

  個人的あるいは親しい友人や仲間同士では、どのような「日＋英単語による造語」を使っても構わない。しかしながら、そのような造語は、第三者（この場合は聴取者）にはまず理解できない。従って、理解できない造語は用いるべきではない。

というのが、その理由である。

在職中、時々卒業生（数年前卒業したと思われる）に出会うことがあった。近況を尋ねた時、そのうちの一人が
　　　　　「<u>イン</u>に行っています」
と言った。意味が理解できなかったので、質問するように聞き返すと
　　４年制大学の学部を卒業して、同じ大学にある大学
　　院修士課程に進学し、勉強を続けている。
という意味だった。卒業生だったが、言葉の用い方だけは、注意した。

　同じような例として
（隔週で金曜日担当）松本一路氏（2017年3月まで）
　　→「ゲスト・トーク」　　　　　　　（10 / 23, '15）
　　　　guest　　　talk
　"guest" の日本語訳は
　→（個人の家庭に招かれた）客、（ごちそうする）相手
　　（旅館などの）宿泊人、（個人の家の）下宿人
　"talk" の日本語訳は
　　　→話、談話、座談、（短い・非公式の）講和
　これらの日本語訳を、どのように組み合わせるのだろうか。

＊英語の世界では、「客」を以下のように分類する。

訪問客

caller →短期間の訪問客、見舞客

guest →招待客

visitor →社交、商用、観光などで訪れる訪問客
　　　　一般的な語

ビジネスなどの客

client →弁護士や顧問業などの客

customer →商店などの客

guest →ホテルなどの客

passenger →乗り物の乗客

→「トーク・イベント」　　　　　　　　(8 / 31, '16)
　　　　talk　　　event

"event" の日本語訳は

　　　　→出来事、(大)事件、行事

さらに詳しい説明は

　　　　event（重要で注目に値する）

　出来事→ happening, occurence（思いがけない）

　　　　incidence（付随的に起こる小さな）

となっている。

　"talk"「話」+"event"「(重要で注目に値する)行事」とするならば、「内容」が問われるのは当然だろう。

＊手元の英和辞典によれば、日本語の動詞「話す」に関し、英語の世界では

［talk］を［speak］との対比で、以下のように用いる。

"speak" → ことばを話すという一般的な意味。

"talk" → *speak* とほぼ同じ意味を持つが、*speak* がしばしば改まった内容のある話をすることを意味するのに対して、*talk* は個人的に打ち解けたまたはとりとめのない会話をする意味に用いられる。

Mr. Black *spoke* after the dinner.
（ブラックさんが夕食後にあいさつをした）

We were *talking* at dinne.
（私たちは夕食を食べながらおしゃべりをしていた）

4)「カタカナ語」なしの自然な日本語

(隔週で月曜日担当) 徳田章氏
　→「エンディングで、私が〜しましたように……」
　　　　　　　　　↓　　　　　　　　　(1 / 1, '18)
　「終わりに、私が〜しましたように……」

(隔週で火曜日担当) 大沼ひろみ氏
　「誕生日の花、白玉星草の咲き始めから終わりまで
　　の変化を、観察する楽しみのポイントは〜」
　　　　　　　　　　　　　　point　(11 / 7, '17)
　　　　　　　　　↓
　　「〜、観察する楽しみの要点は〜」

(隔週で水曜日担当) 須磨佳津江氏
　→「美術家でキュレーター」　　　　(3 / 22, '17)
　　　　　　　　curator
　"curator"の日本語訳は
　　　→(博物館・図書館などの) 管理者、館長
　　　　　　　　　↓
　「美術家で図書館あるいは博物館の館長」

(隔週で水曜日担当) 村上里和氏
　→「イラストレーターで文筆家」　　(7 / 12, '17)

177

　　　　　　illustrator
"illustrator"の日本語訳は→「挿絵画家」
　　　　　　　　↓
　　　　「挿絵画家で文筆家」

→「歌謡スター・新沼謙治さん」　　　（2 / 28, '18）
　　　　　　↓
　「歌手・新沼謙治さん」

（隔週で木曜日担当）芳野潔氏
　→（映画監督大林宣彦さんの）
　　　　「シネマと歩んだ人生」　　　（12 / 7, '17）
　　　　　　↓
　「映画と歩んだ人生」

（隔週で金曜日担当）迎康子氏
　→「障害者アートの魅力」　　　　　（10 / 21, '16）
　　　　　　art
　　　　　　↓
　「障害者による美術作品の魅力」

→「ほんとうにいつもパワーを頂いています」
　　　　　power
　　　　　　　　　　　　　　　　　（1 / 19, '18）
　　　　　　↓
　「ほんとうにいつも元気を頂いています」

→「誕生日の花イソギクの花言葉は、清楚な美しさ。
　　　花言葉にぴったりなイメージ」　　（11 / 17, '17)
　　　　　　　　　　　　　image
　　　　　　　　　↓
　　「〜にぴったりな形（あるいは姿）」

(隔週で金曜日担当) 桜井洋子氏
　→「病気の子供達の兄弟をサポートしたい」（2 / 9, '18)
　　　　　　　　　　　　support
　　　　　　　↓
　「病気の子供達の兄弟を支えたい（援助したい）」

(隔週で土曜日担当) 住田功一氏
　→「私のハッピー・ソング」　　　　（2 / 10, '18)
　　　　happy　　　song
　　　　　↓
　「私を元気にしてくれる歌」

(隔週で土曜日担当) 中村宏氏
　→「タレントのキャシー中島さん」　　（1 / 21, '17)
　　　talent（"talent" の日本語訳は→「俳優」)
　　　　　　　　↓
　　　「俳優のキャシー中島さん」

（隔週で日曜日担当）森田美由紀氏
　→（台風22号が近づいているので）「交通情報をこま
　　　めにチェックして下さい」（10 / 29, '17）
　　　　　　　　　↓
　　「交通情報に充分注意して下さい」

＊（隔週で水曜日担当）須磨佳津江氏
　→（誕生日の花）「タンポポ」　　　　　　（2 / 7, '18）
で止めておけばよかったのに、「タンポポ」の英単語 "dandelion" を、ひどいカタカナ発音でつけ加えた。「カタカナなしの自然な日本語」の逆行（？）

＊自然な日本文中の単語を、わざわざ英単語をカタカナ語に変えたものを用いる日本人は多数。筆者はその心理分析を試みた。そして

　我が国では、外国語としての英語教育を、中・高校と6年間行う。これほど学習すれば、「英語を話すことが出来るようになる」と、学習者は期待する。ところが、現在のような入試（あるいは受験）を目的にしたものであれば、自分の伝えたいことを
　「英文で組み立てるようなことは全くできない」
　従って
　「自分の話す日本語の中の単語を、それに相当する
　　英単語をカタカナ語に変えて用いる」

ことにより、「チョッピリ自己満足」している。

となった。
　筆者はこのような日本語を用いる日本人を
「英語憧れ病患者」
と呼んでいる。我が国には、NHKの番組担当者を始めとする、「重症英語憧れ病患者」が如何に多いことか。当に「デタラメ英語教育行政の反映」だろう。

5）英語構文

　何人もの『ラジオ深夜便』担当者は
　　　　　　　「列島インタビュー」
と言う。ところが、英語動詞 "interview" は「他動詞」として
　（……と）面接する、面接試験をする
　（……に）インタビューする、取材訪問をする
であり
　Our reporter interviewed the candidates about their policies.
　（我が社の記者は候補者たちに政策について
　　　　　　　　　　　　　　インタビューした）
のように、「目的語は人」にならざるをえない。それを「日本列島」などとする愚かさは、高校生でもしない。
　以下同じような例をあげる。

（隔週で水曜日担当）須磨佳津江氏
　→「(誕生日の花を) <u>アップで見ると</u>」（8／16, '17）
「アップで見る」というのは、「拡大して見る」という意味だろうか。
　英語表現は（カメラが）
　ズームレンズで画像を徐々に拡大する→ "zoom in"
　　　〃　　　画像を徐々に縮小する→ "zoom out"

となっている。

　→「誕生日の花、大文字草の花言葉は<u>自由</u>でフリー、
　　とてもチャーミングです」　　　（11 / 8, '17）
「自由」は名詞形。従って英単語は "free" ではなく "freedom"。

（隔週で日曜日担当）後藤繁榮氏
　→「誕生日の花、マリー・ゴールドは、アフリカンタイプとフレンチタイプの<u>ツー・タイプ</u>」　（11 / 5, '17）
　　　　　　　　　two　　type（？）

文法的に "two type" ではなく "two type<u>s</u>" となる。名詞形の複数形が曖昧な日本語感覚で、英単語をカタカナ語に変えて用いるから、このようになるのだろう。

　→（1人分のオムレツが美味く作れなかった）という聴取者からの便りに対して
　　「またチャレンジしてみて下さい」　（11 / 19, '17）
　　　　　challenge
　英語の "challenge" は、主として以下のように用いる。
　　He challenged me to another race.
　（彼は私にもう1回競争をいどんできた）
従って筆者なら
　　　　　　「もう一度試してみて下さい」
と言う。

(隔週で日曜日担当) 森田美由紀氏
 　→「胃腸のことを考え、食べるものを
　　コントロールしなければならない」(12 / 11, '16)
　　　　control
　英単語 "control" には、例文として
　　　　He could not control his anger.
　　　(彼は怒りを抑えられなかった)
のように、「他動詞の意味」として
　　　　　→抑える、抑制する
がある。なぜわざわざ
　　　「名詞」→ 抑制（力）、制御
として、用いるのか不思議である。

＊ほぼ同じような例として
(隔週で土曜日担当) 中村宏氏
　→「〜アンカーと私がトークを行いました」
　　　　　　　　　　　　　　　(12 / 16, '17)

　英単語 "talk" は通常「自動詞」として
　　　　　Our baby cannot talk yet.
　　　(うちの子はまだものが言えない)
のように用いる。なぜわざわざ
　　　　「名詞」→話、座談、談話
として、用いるのかは不思議である。

Ⅰ．NHK 番組担当者の日本語感覚

　　→「太鼓ドラマー」　　　　　　　　（10 / 15, '17）
　　　　　　drummer

　英単語 "drummer" の日本語訳は→「太鼓 [ドラム] 奏者」
従って
　　　　　× 太鼓 +「太鼓 [ドラム] 奏者」
だろう。

＊ほぼ同じような例として
(隔週で金曜日担当) 迎康子氏
　→「阿波踊りは最高のダンス・ミュージック（？）」
　　　　　　　　　　　　　dance　　　music
　　　　　　　　　　　　　　　　　　（10 / 20, '17）
　　　"folk dance" は "dance" に外ならない
従って「阿波踊り」→ " 阿波 dance" も "dance"
「～という曲でダンスをする」場合の "dance music" は別
のものでは（？）

4. 雑感

(隔週で月曜日担当) 工藤三郎氏
　「昨夜からここまでのご案内は
　　　　　　　アンカー工藤でした」　　(1 /15, '18)
　自分自身を例にし、「アンカーの誤用」を示したのでは (？)

(隔週で月曜日担当) 高橋淳之氏
(2017年3月まで。それ以降は時々他の曜日を担当)
　→番組の終わりの言葉

　　それでは、今夜の『ラジオ深夜便』の内容を、<u>簡単に紹介しておきます</u>。

　この言葉を聞くと、筆者には
「今夜の『ラジオ深夜便』の内容を、簡単に紹介しておきます」ので
　　　　　　　「後は勝手にどうぞ」
という、「余韻」を残す。

(隔週で月曜日担当) 徳田章氏
　→「農民詩人」　　　　　　　　　(11 / 21, '16)
　筆者は個人的に、「農民」という言葉は用いないこと

にしている。それは、我が国の封建時代に存在した「身分制度」の「士・農・工・商」を、「武士・農民・職人・商人」として歴史の時間に学習し、「違和感」を持ったからである。

　筆者は農村で生まれ、育った。近所には、農業を職業とする方々が沢山いる。そのような方々を、筆者は
　　　　「農家の方」あるいは「農業を営む方」
と表現することにしている。従って、筆者なら
　　　　　　「農民詩人」→「詩人」
とする。

＊「徳田日本語」の特徴

1番組の終わりの言葉
　同じ番組担当者のほとんどは
　　　　昨夜からここまでのご案内（担当）は
　　　　　　　　　　　（姓名）でした。
　　　　時刻はまもなく５時になります。
　　　　それではこのへんで、失礼します。
で番組を終えるが
　　　　　それではこのへんで失礼します。
　　　　　時刻はまもなく５時になります。
　　　　　　　<u>御免下さい</u>。
と、極めて丁寧な終わり方をする。
　筆者は

「まるで何か悪いことをして、番組を終わる」
ような印象を受ける。番組終了の言葉として
　　　　　それではこのへんで失礼します。
で、充分ではなかろうか。
　筆者は個人的に
　　　　　「御免下さい」
という表現は用いないことにしている。その理由は、「ご免なさい」という表現に似ているため、相手に「誤るような印象を与える」と、おそれるためである。

　2 徳田氏が用いる表現で、筆者が決して用いることのないのは
　　　　　「〜から頂戴しています」
例えば
　　　　　〜からお便りを<u>頂戴しています</u>。
を筆者なら
　　　　　〜からお便りを<u>頂いています</u>。
と言う。その理由は
「頂いています」の方が「頂戴しています」より
　　　　　「自然に響く」
からである。

　3 徳田氏と筆者の「日本語感覚のちがい」

　お便りが沢山来ていますので

ご紹介させて頂きます　（9 / 18, '17）

筆者なら
　お便りを沢山頂きましたので
　　　　　　　　幾つか紹介します。
と言う（筆者の日→英の逐次通訳は
　　　As I have received a lot of letters from listeners,
　　　　　　　I am happy to read some of them.
となったので）。

4「動詞形より名詞形好み」（？）
　　　それではこのへんで<u>失礼します</u>。
　　　　　　　　↓
　徳田氏→それではこのへんで<u>失礼を致します</u>。

　　　こうした内容で<u>おおくりします</u>。
　　　　　　　　↓
　徳田氏→こうした内容で<u>おおくりをします</u>。

　　　私と〜アンカーが<u>お伺いします</u>。
　　　　　　　　↓
　徳田氏→私と〜アンカーが<u>お伺いをします</u>。

（隔週で火曜日担当）遠藤ふき子氏
（2017年3月まで。それ以降は時々他の曜日を担当）
　→「<u>メルヘンティック</u>な名前」　　　（8 / 30, '16）

手元にある独和辞典によれば
Märchen →童話（中性名詞）の形容詞形は
märchenhaft →おとぎ話のような、メルヘン風の
であり、「<u>メルヘンティック</u>」に相当するものはない。
　おそらく英単語の
　　optimism（名詞形）→ optimis<u>tic</u>（形容詞形）
　　（楽観）　　　　　　（楽観的な）
　　pessimism（名詞形）→ pessimis<u>tic</u>（形容詞形）
　　（悲観）　　　　　　（悲観的な）
を真似したのだろうか。「日＋英語による造語」にも懲りず、「独＋英語による造語」を試みたのだろう。親しい仲間か友人の間のみしか許されない造語を、聴取者に用いた。これは筆者にとって、許すことのできない「外国語教育への妨害」。

(隔週で水曜日担当) 須磨佳津江氏
　→ビー（演奏者名？）の演奏で
　　　　　　　　「モノクローム」
　　　　　　　　　　monochrome　　　（11 / 8, '17)
"monochrome"の日本語訳は「形容詞で」
　　　　　　→（テレビや写真が）白黒の
　　　　　　　（絵などが）単色の
このような曲名を選ぶこと自体、「聴取者軽視」。

※担当した 2016 年 1 月 20 日、番組終了時の言葉

I．NHK番組担当者の日本語感覚

　　　　　「ご機嫌よろしゅー」
には驚きました（ＮＨＫラジオ第1放送番組『ラジオ深夜便』は、地方向け放送番組ではなく、全国向け放送番組では（？）

(隔週で水曜日担当) 村上里和氏
　→番組の終わりの言葉

　　　今日も皆さんに、<u>笑顔になります瞬間</u>がおとづれ
　　ますように。

と言うが、下線部が理解できない。筆者なら
　　今日も皆さんに、笑顔になるようなことがあると
　いいですね。
と言う。その理由は
　　笑顔になれるなら、瞬間より長い方がいい。
と考えるからである。
　村上氏もそのことには気づいたらしく、2017年9月13日に担当した時は

　　　今日も皆さんに、<u>笑顔になります時間</u>がおとづれ
　　ますように。

と言っている。

→「あじさいの花で、<u>なごみたい</u>ものですね」
　　　　　　　　　　　　　　　　　(6/29, '16)
　　　　和む→心が穏やかになる
という意味だろうか。村上氏の「好み」では（？）
　放送番組担当者は、個人的なことを番組の中へ持ち込まないのが常識である。その理由は
「番組担当者の好きなことが
　　　　　　聴取者にとって嫌いなことになりうる」
からである。

(隔週で金曜日担当) 桜井洋子氏
　→番組の終わりの言葉

　桜井氏は、隔週で月曜日担当の徳田章氏とは、対照的な終わり方をする。

　　昨夜からここまでのご案内は
　　　　　　　桜井洋子<u>でございました</u>。
　　　　　　（時々）桜井洋子<u>でした</u>。
　　時刻は間もなく5時になります。

　2016年4月より担当になった桜井氏は、このような言葉で番組を終了する。第1回の番組の際、筆者は5時を過ぎても、『ラジオ深夜便』が継続するのではないかと錯覚した。なぜなら、「終わり」を伝える言葉がなかっ

たからである。

＊桜井氏は、筆者が在職中助言をした、高校生の放送部員にも劣る日本語感覚の持ち主。

(隔週で金曜日担当) 迎康子氏
　2015年12月18日担当の時、『ラジオ深夜便』が終了しないまま、午前5時からの番組が始まり、驚きました。

　筆者の高校1年次、「数学Ⅰ」は代数と幾何に分かれていた。幾何担当の先生は、なぜか授業終了の合図があっても、必ず数分間授業を続けた。
　授業と授業の間の休み時間は10分間。トイレに行き、次の授業の準備をするのは無理だった。それでトイレに行くのは、幾何の授業の前にし、幾何の授業の後は、次の授業の準備のみにした。
　このような経験から、筆者は30年間の在職中、正課授業のみならず課外授業でも、終了の合図を越えて、授業を続けたことは一度もない。
　終了の合図1〜2分前に、その日予定していた教材の説明を必ず終えることにした。やむを得ず1〜2分残った場合は、その日学習した教科書の範囲と、記録したノートに再度目を通し、日付を入れるように指示した。
　筆者は授業中、秒針のよく見える大きめの時計を教卓

に置いた。放送番組担当者も、同じようなことを実行しているものと思われる。それでも、担当した番組を予定時間に終えることができないならば、もはや、「プロとしては失格」と、言わざるを得ない。

(隔週で土曜日担当) 住田功一氏
　→「今夜のアンカーは森田美由紀さんです」
　　　　　　　　　　　　　　　　　　(12 / 10, '16)
　住田氏の「日本語の鈍感さ」が表れたのでは(？)

　→「ミュージシャン」と「音楽家」　　(6 / 10, '17)
　　　　　musician
　"musician"の日本語訳は
　　　　　→音楽家（作曲家、指揮者、演奏家、歌手など）
となっている。
　番組の中で、「ミュージシャン」と「音楽家」両方用いましたが、どのような違いがあるのだろうか。

　→「ドラフト・ビアについてビア・ジャーナリスト」
　　　　draft　　beer　　　　beer　　journalist
　　　　　　　　　　　　　　　　　　(7 / 15, '17)
　"draft beer"の日本語訳は→「生ビール」
　従って、なぜ「生ビール」と言えないのだろうか。

(隔週で土曜日担当) 中村宏氏

→「スポーツ・コメンテーター」　　　（12 / 17, '16)
　　　　　　　commentator
　"commentator"の日本語訳は→「解説者、評論家」
　なぜ「スポーツ解説者あるいは評論家」と、言えないのだろうか。

　　→「イタリアン・レストランのオーナー・シェフ」
　　　　　Italian　　restaurant　　owner　　chef
　　　　　　　　　　　　　　　　　　（11 / 18, '17)
　　　「イタリア料理店主でそこのコック長」
となぜ言えないのだろうか。

（隔週で日曜日担当）森田美由紀氏
　　→「コミュニケーション・アート」　　（10 / 25, '15)
　　　　　communication　　art
　"communication"の日本語訳は
→（情報・意見などの）伝達、意思疎通、心の通じ合い
　"art"の日本語訳は→「技術、技芸、こつ」
これらを、どのように組み合わせるのだろうか。
　但し英語の世界では、"communication skill"というのは聞いたことがある。
　"skill"の日本語訳は→「技量、腕前、熟練」

　　→「酒場詩人」　　　　　　　　　　（11 / 13, '16)
「心臓外科医」と聞けば、最先端医療技術を駆使しての

195

手術だろうが、その対象となるのは「心臓」のみである。他方「外科医」の場合は、「手足などの身体のあらゆる部分」が対象となる。

　同様に、「酒場詩人」の場合、詩の題材となる対象は、「酒」に限られるのだろう。酒を飲まない（飲めない）筆者は、酒を題材にした詩には関心がない。ところが、「自然美」を題材にした詩なら、関心がある。

　筆者は、「一人でも多くの方に、読んで欲しい」という気持ちが強いから、著書にこだわる。「酒場詩人」より「詩人」の方が、人々の関心を引きやすいと考えるのは、筆者との生き方の差だろうか。

　→「今日のクリスマスの１日を、大切にしたいと思います。ではクリスマスの１日、どうか皆さんに何か良いことがありますように」　　　　（12 / 25, '16）

　→「今日のクリスマスイブ、皆さんにとって、何か良いことがあります１日になりますように」
　　　　　　　　　　　　　　　　　　　（12 / 24, '17）
筆者はこれを聞いて
　　「もしかして、森田氏はキリスト教徒で
　　　　所属する教会の宣伝係ではないか（？）」
と思ってしまった。

　我が国では、「仏教徒」が大多数。仏教の開祖は「釈迦」。また世界には、筆者には到底信じられない "Ramadan"（イスラム暦の９月、この月は日の出から日没まで断食をする）を持つイスラム教徒。その他ユダヤ教徒やヒンズー教徒もいる。こちらの方面にも、是非目を向けて欲しいものである。

＊森田氏は
　自分の目で、外国を見たことがあるのだろうか。
　あるいは、民間レベルでの国際交流の経験はあるのだろうか。
「外国語のみならず外国の事情にも<u>うとい</u>」
　　　　　　　典型的なNHKの番組担当者（？）

以上のような状態だから

　高校の英語教育（実質的に日本語教育も含む）を30年間担当した者が、番組の中で用いられる多くの「カタカナ語」が理解できない。そのために、カタカナで書き取る。そしてそれらを、辞書を引いて日本語訳に変える。それでも意味は理解できない。

　　これでも放送受信料を徴収できるのか（？）

できるとするならば

　NHK会長というのは、日本語番組担当者の「プロ

（professional）の基準」が理解できずに放送受信料を徴収する、よほど厚かましい人物が起用されるのだろう（？）

さらに続く疑問は

　平均的日本人より劣るような日本語感覚の持ち主が、なぜ、NHKの番組担当者に起用されるのだろうか。そのうえ、番組担当者の日本語を審査するようなことは、行われていないらしい（？）

人の行為で最も卑しいことは
金品の授受に基づく言動

当にNHKは、このことを仄めかしている。これが、次世代の日本を背負う若者へ示す、「NHKの姿」だろう。

＊筆者は、民間レベルでの国際交流の経験しかない。しかしながら、自分の母国語への信頼感が、国外に出た場合の言動に、いかに影響するのかを実感している。
　1975年と翌76年、「米国における夏期研修講座」に参加した。それには「ホームステイ」が含まれていた。受け入れ家庭の方々は、筆者の下手な英語にもかかわらず、耳を傾け、質問に答えてくれた。そこには、お互いに共有する認識があるように思えた。即ち

Ⅰ．NHK番組担当者の日本語感覚

　Mr. Kimoto は日本人だから、母国語は日本語。英語は外国語として話しているのだから、下手なのは当然。

これに対し、筆者には

　外国語としての英語だから、大ざっぱな表現しかできない。しかしながら、母国語の日本語であれば、かなり詳細なことまで、自然な日本語で表現できる。

このような意識があったので、国外に出た場合、日本人としての"identification"（身分証明になるもの）を持ち、自然な行動ができた。
　話は少しずれるが、1976年度「米国における夏期研修講座」における、筆者の「ホームステイ」受け入れ家庭、Alfred & Bobbie du Mulin 夫妻（サウスカロライナ州、コロンビア、1976, 8 /15 ～ 8 / 21）から、「母国語をいかに大切にしているか」を学んだ。まず

　「英語を母国語とする者同士で話す英語」と
　「英語を外国語とする人と話す英語」を区別する。

　ホームステイ期間中のある日、夫妻は玄関で近所の方と立ち話をしていた。そこを筆者は偶然通りかかった。少し移動するペースを緩めて、話の内容を理解しようと

した。しかしながら、その内容は全く理解できなかった。

　ところが、筆者と話をする時、夫妻は実に理解し易い英語を話したので、その心遣いに感謝した。次は

　　居間に雑誌 *"Reader's digest"* が山積みされていたので *"Reader's digest"* 愛読の理由を尋ねた。その理由は

　　　語句（words & phrases）も文体（sentence style）も
　　　　　　　　保守的（conservative）だから。

だったと思う。夫妻の「母国語をいかに大切にしているか」を実感した。

　話を元に戻そう。筆者は

「外国語をカタカナ表現に変えたものが多数入り混じり、不自然で品もない日本語」を

「恥の日本語」

としている。

　今や、我が国に滞在する留学生のみならず、企業に勤務する外国人は、かなりの数に達すると聞いている。さらには、「外国人による日本語弁論大会」も毎年行われていると、聞いている。そのような方々に

「恥の日本語」

を提供して、平気なのだろうか。

　我が国の総理大臣は、この「恥の日本語」を背負って、外国の要人との会談に臨むのだろう。経団連関係の方々は、この「恥の日本語」を背負って、経済活動を行うのだろう。

日本語が、「外国語をカタカナ表現に変えたものが多数入り混じり、不自然で品もない日本語」であれば、日本人としての"identification"は薄らぎ、行動にも影響するのではなかろうか。

もうそれは
「哀れ」
としか、言いようがない。
　筆者は、「政党の党員資格」や「経団連への加入条件」などに関しては、一切知らない。しかしながら、故・美空ひばりさんの歌った『雑草の歌』の中のセリフ

　　私のこの体の中には
　　日本に生まれた古い血が流れています
　　そんな人間の少なくなった今日でも
　　おてんと様だけは
　　私を照らしてくれました

のような生き方をしている。この日本語も理解できない自由民主党所属の国会議員が、いるらしい。

II. NHK会長、総務大臣、総理大臣の大罪

Ⅱ．NHK会長、総務大臣、総理大臣の大罪

　NHKは長年放送受信料を徴収し、放送番組担当者は、「日本語の誤用及び外国語教育への妨害」を続けている。このことをNHK会長は、どのように責任をとるのだろうか。またこのようなNHKに、放送事業を認可している総務大臣、さらにこのような総務大臣を任命した総理大臣は、どのように責任をとるのだろうか（という連鎖反応が起きる）。

　NHKの岡田多行氏は、問題処理に致命的な誤りを犯した。筆者は、NHK番組担当者の用いる日本語の問題点を指摘した『「英語と日本語」再考』を、2014年3月3日付で「NHK知財展開センター・アーカイブズ」宛郵送し、回答をお願いした。
　ところがこれに対し、岡田氏は
　　　個々の出版物の内容に関して
　　　NHKとしての回答は差し控える。
と回答した。筆者はこの回答を受け取った瞬間
　　　我が国では通用しない内容を回答をする
　　　　　　「NHKの愚かさ」
と同時に
　　　「NHKは暴力団のようなものではないか」
と、推測した。なぜなら
　　放送受信料を徴収して、放送をしてやっている。
　　　　　　文句を言うな。

　　　　　　　　　↓
　放送受信料を徴収して
「日本語の誤用及び外国語教育への妨害」
　　　　　　　　　　　　　　　を継続する。
と、解釈できるからである。

　これは、我が国のような民主主義国家では通用しない（このようなことが通用するのは、おそらく、暴力団の世界のみではなかろうか。「白は白、黒は黒」という堅気の世界に生きてきた筆者には、到底受け入れることはできない。おそらく、NHK放送受信料支払者は、全員同じだろう）。

　NHKの日本語名は「日本放送協会」。これは名目的なものだろうか（？）総務大臣はNHKの放送事業を認可し、総理大臣は総務大臣を任命する。従って実質的には、総務大臣と総理大臣を後ろ盾にし、日本語という凶器を用いる

　　（国家公認）日本暴力主義的経営放送協会
と言うことだろう。そうすれば
　　　NHK会長→暴力団NHK組組長
　　　番組担当者→暴力団NHK組構成員
のようなものだろうか。

　再度、岡田氏の致命的な誤りを、理解し易いように説明する。
　岡田氏はおそらく、小学1年生用算数の加算論理

Ⅱ．NHK会長、総務大臣、総理大臣の大罪

1＋1＝（むしろ→）2

が理解できないのだろう。先程のことは、通常

①放送受信料の支払者が

↓

②放送受信料の徴収者へ

放送番組に関する問題点を指摘し、回答を求める

↓

③放送受信料の徴収者からの回答

となる。

　もし③が成立しないのならば、①か②を除去しなければならない。②を除去することはできないとすれば、除去することができるのは①しかない。

　　岡田氏には、「NHKは、個々の放送受信料から成り立っている」という大前提が、理解できていない。

　このような人物が、なぜNHKに勤務できるのだろうか。NHKの放送受信料というは名目的なもので、実質的には「慈善事業費」ではなかろうか（？）と、推測されても仕方ない。

　小学1年生用算数の加算論理が理解できない、幼稚園レベルの頭脳の持ち主岡田氏に、筆者は最後の親切心から、以下の例をあげる（これも理解できないのだろうか）。

　かつて数十年前、三波春夫さんという一世を風靡した

演歌歌手がいた。三波さんが公演の時、会場の聴衆に向かって言った
　　　　　「お客さまは神様です」
には感動した。
　あのような芸の道への姿勢だからこそ、長年にわたって、あの素晴らしい歌唱力や声量が、維持できたのだろう。
　三波さんはテレビの時代に、「長編歌謡浪曲」を持って、他の演歌歌手と勝負した。筆者はその中のひとつ「俵星玄蕃」が好きで、録音したものを何十回と聞いた（今も聞いている）。

　筆者は、本書で指摘している問題点を、なるべく穏やかに解決したかった。そのため、拙著『「英語と日本語」再考』を、2014年3月3日付で、NHK（知財展開センター・アーカイブズ）宛郵送した。この段階で、番組担当者は改めるべき点は改め、改めない場合は反論して、その正当性を示すだけで、問題は解決した。
　ところが、岡田氏の「問題処理の致命的な誤り」により、もはや、引き返すことのできない地点に達してしまった。NHK番組担当者の、「日本語の誤用及び外国語教育への妨害」を指摘した拙著
『反論』（2010年9月刊）
　　　　　（そのうち1冊をNHK北九州放送局へ
　　　　　　　レターパックで郵送）

『「英語と日本語」再考』(2014年2月刊)
　　　　(そのうち1冊をNHK知財展開センター・
　　　　アーカイブズへレターパックで郵送)
『「英語一辺倒の外国語教育」をもうやめよう』
　　　　　　　　　　　　　　　　(2016年7月刊)
『NHK民営化論』(本書)
は、それぞれ発行部数約1,000冊。これにより、責任問題はNHK会長のみならず総務大臣、総理大臣にまで及ぶことが、知れわたってしまった。総務大臣、総理大臣は、もはや「知らぬふり」はできまい。「知らぬふり」をすれば

　　放送受信料を徴収しての「日本語の誤用
　　　及び外国語教育への妨害」を認めた
　　　　　　　　↓
　　日本語をだめにした総務大臣と総理大臣

となる。それでも、「NHKの堕落と腐敗を長年放置した責任逃れ」は、できまい。もはや
　　「死ぬも地獄、生きるも地獄の絶体絶命」

　筆者は幸いにも、憲法第20条「表現の自由」を持つ民主主義国家で生まれ、育ち、教育を受けた。従って、NHKからの回答に関して、躊躇することなく「文句を言う」。その内容は

NHKが放送受信料を徴収しながら
「日本語の誤用及び外国語教育への妨害」
を継続することを
1日でも早く止めさせなければならない。
それには
「NHKの民営化」
しかない。

　本章の終わりは、2001年ノーベル化学賞を受賞された野依良治先生（当時名古屋大学名誉教授）の仰った言葉（2003年元旦NHK教育テレビ『未踏の"知"をめざせ』）を、引用させて頂く。

　　研究者のできることは、研究とその成果を発表するまでで、それを工業化して人々の幸福に役立てるようにするのは、また他の方々にお願いしなければならない。

　高校の英語教育を30年間担当した筆者ができることはここまで。今後はまず

　　放送受信料を徴収しながら、「日本語の誤用及び外国語教育への妨害」を継続したNHK会長、そのような放送局に事業を認可した総務大臣、そのような総務大臣を任命した総理大臣の責任追及。

そして
　　　法的手続きによる「NHK民営化」への移行
への展開は
　　　　　政治家、法律、行政等の専門家
にお願いしたい。そして筆者は

　本書をお読みになり、その趣旨に賛同頂けた読者の
　方々とともに、残りの人生を
　　　　　自然で品格のある日本語を求めて
　　　　　後方支援に全力を尽くしたい。

# Ⅲ. 筆者の独り言

III. 筆者の独り言

1.「話し方の心得」を学んだのは　　　高校・大学の英語学習（？）

　英語学習時代（中学校1年次から大学4年次までの）の10年間、英語教育時代の30年間、さらに退職後の約20年間を合わせると約60年間になる。これほど長期間、筆者が英語の世界にどっぷり浸ることができたのは
　　「コミュニケーションの手段としての
　　　　　　英語学習・教育・研修が楽しかった」
からに外ならない。特に英語を母国語とする人との出会いは、今思い出しても楽しい。

　中学校3年間は、学校で教科書による英語学習のみだったが、高校に入学してからは、「自分流の英語学習法」を始めた。

　ほぼ3年間、NHK第2放送のラジオ講座『英語会話』を聞いた。ある時、驚いたことに、テキストに新約聖書にある「山上の垂訓」（マタイ伝、第5章）＊があった。その時、アメリカ合衆国での留学経験のある講師の松本亨先生が
　「聖書はアメリカ人の言動を理解する助けになる」
とおっしゃった。これがきっかけになり、約2年間、日曜日には、「聖書研究会（Bible Class）」に参加した。

　当時はまだ、英語による日常会話が不十分で、宣教師

の Ms. Mildred Gronland から

　　　How many brothers and sisters do you have?

　（兄弟は何人ですか）

と尋ねられ

　　　I have two brothers. One is older and the other is younger.

　（兄と弟が一人ずついます）

と答えたら

　　　　　　　　So, you are the middle.

　　　　　（真ん中ですね）

と言われ、以後英語で自己紹介をする時は

　　　　　I have two brothers, and I am the middle.

という「スッキリ英文」を用いることを学んだ。

　この程度のやりとりしかできなかったが、それでも楽しかった。それは

　「アメリカ人 Ms. Mildred Gronland の言動を

　　　　　　　　　　　　　　充分観察できた」

からである。

　筆者に言及する時は、「高校生」ではなく「Kimoto-san」だった。筆者は本を持ち歩く時は、必ずカバーをすることにしている。それは、他人に書名を知られたくないことと、破損防止を目的としている。

　ある時

「Kimoto-san は、聖書にこんな派手なカバーをしている」

とみんなの前で言われ、ちょっと恥ずかしかった（赤色と白色２色の、縞模様のデザインだった）。今でも「私

は無神論者です」と平気で言う筆者だから、当時の言動は、非宗教的であったことには間違いない。

　大学入学後、前期（1〜2年次）には、アメリカ人バンティス（A. G. Bantis）先生担当の、「口語演習」があった。先生の発音は、英和辞典の発音記号にほぼ近い、典型的な「アメリカ英語」だった。

　当時筆者は外国語学部米英学科1組に所属し、クラスの学生数は40人位だった。ほとんどの学生は、大学入学前英語を母国語とする人と、一度も会話をしたことがなかったらしく、後ろの方に座っていた。

　筆者はいつも教卓の真ん前に座った。『講義要項』（その年度開講の講座名と担当者名一覧表で、学生に配布される）には

　　　口語演習 1 ─A. G. Bantis
となっていた。それで、最初の講義が始まる前
　「先生のファースト・ネーム（first name）"A" の
　　　　　　　　　　　　　　短縮しない形」
について質問した。

　Mr. K : May I ask you a question?

　Mr. B : Yes.

　Mr. K : What does your first name "A" stand for?

　Mr. B : It stands for "Alexander" and its short name is "Alec."

　このことがきっかけとなり、以後、英語発音に関する貴重な指導を頂いた。

　講義のテキストは Vernon Brown 編 "*IMPROVING YOUR*

PRONUNCIATION "（明隣堂）で、Lesson 11 は [L] 音と [R] 音の区別だった。Bantis 先生は筆者に向かって

　　Mr. Kimoto、君の [L] 音と [R] 音の区別ができるかどうか試してみるから、"Light" か "Right" のどちらかを、発音してみなさい。

と仰った。

　当時筆者は、[R] 音より [L] 音の方に自信があった。それで、舌先を上歯の裏側にしっかりくっつけ、通常より大きめの声で、舌先の両側から息を出し、[Light] を発音した。そしたら、Bantis 先生から

　　　　　　[Light] だろう。

と言われ、嬉しくなって思わず "Thank you." と、言ってしまった。

　このことから、英単語を発音する際は、その単語を構成する幾つかの音のうち

　「最も重要な音を、はっきり正確に発音すること」

を学んだ。

　このことは、以後、筆者が英語を躊躇することなく話す、自信につながった。さらに、筆者が日本語を話す時にも心がけた。郵便局の窓口で切手を購入する時は

　　　　　<u>〜円</u>切手を<u>〜枚</u>下さい。

と、下線部をややゆっくりめに、はっきり発音するようにした。

　　＊　　　　　「山上の垂訓」

Ⅲ. 筆者の独り言

  Blessed are they who know their spiritual poverty,

    for theirs is the kingdom of heaven.

（こころの貧しい人たちは、さいわいである

    天国は彼らのものである）

     〵

Blessed are you when they slander and persecute you

and falsely accuse you of every wrong because of Me.

（わたしのために人々があなたがたをののしり、

また迫害し、あなたがたに対し偽って様々の

悪口を言う時には、あなたがたは、さいわいである）

2.「わかっちゃいるけど止められねえ」は誰（？）

　本書執筆始めの 2016 年 10 月、大隅良典東京工業大学栄誉教授のノーベル生理・医学賞受賞の発表があり、日本国民にとっての朗報となった。
　筆者は理数関係の内容については、あまり理解できないが、それでも日本人研究者がノーベル賞を受賞された時は、雑誌 "Newton"（ニュートン プレス社刊）で概略を確認し、特に英語の語句には注意を払う。大隅栄誉教授の場合

細胞が自身の中身を " 食べて " 再利用するシステム
<u>オートファジー</u>の解明
autophagy

を英和辞典で確認し、新しい知識を得ることができた。
　ところがこのようなこととは裏腹に、毎日のようにテレビやラジオで報道されている、中東のシリアという国の状況に関する悲報には、心が痛む。
　北部の都市アレッポ（Aleppo）をめぐるアサド（Assad）政権側と反政府軍による攻防では、アサド政権を支援するロシア空軍による空爆で、多くの民間人が犠牲になった。負傷した幼児の頭に巻かれた包帯から、血が滲んで

III. 筆者の独り言

いるのを見て、筆者はテレビの画面から目を背けた。

またアサド政権側と反政府軍による地上戦も、時々テレビの画面に映し出された。そこで使用されている武器は、米・ロを含む先進国で製造されたものではなかろうか（あのような近代兵器が、先進国以外の国で、製造できるはずはない）。

表向き米・ロ政府は、「停戦」に向けて、努力しているように見える。しかしながら、実際は、まさに米・ロの利益が衝突する代理戦争。

同じような場面は、アフリカでも見ることができる。少し前テレビで、内戦状態に陥っている国からの報道があった。その場面に登場した、まだあどけない顔の少年兵（我が国では中・高校生くらい？）が両手で抱えていたのは、「自動小銃」。このような近代兵器が、アフリカのどこかの国で、製造できるはずはない。おそらく先進国で製造されたものを、購入したのだろう。

数十名の少年兵は、ひとりひとり自動小銃を保持していた。人を殺すために、それほど沢山の近代兵器を購入するお金があるなら、もっと他にお金の使い道があるはず。例えば、各自保持している自動小銃を購入するのと同じ金額を、教育や福祉に当てることができる。

まさに「ダブル・スタンダード（double standard）」で、1960年代、ハナ肇とクレイジー・キャッツのメンバーだった植木等さんの使った

　　「わかっちゃいるけど止められねえ」

221

このことは、我が国の幾つかの状況にもあてはまる。順次見てみよう

1. 原子力発電所の再稼働

2016年の春、九州電力は鹿児島県にある川内(せんだい)原子力発電所を再稼働させた。大金を注ぎ込んでの作業にもかかわらず、東京電力福島第1原子力発電所の事故収束の予測は、つかないままである。

ドイツ政府は、近い将来原子力発電所ゼロを目標として、関係の発電所との協議を始めたことが、報道された(2016年10月20日)。

2017年2月7日、NHKラジオ第1放送番組『マイあさラジオ』の「社会の見方・私の視点」で、諸富徹京都大学大学院経済学部教授は、「自然再生可能エネルギーによる発電では、どうしても電力料金が高くつく」という、従来の考え方に反論した。

さらに、同年2月23日、同じ番組の「ワールドレポート、ドイツベルリンから」で、「自然再生可能エネルギーによる発電で、電力料金が現在より高くならないようにするために、ドイツにおける取り組みの一例として

　　　蓄電池の小型化、性能の向上、低価格

について報告」があった。

このことから筆者は、原子力発電所ゼロを目標とし、

あとがき

原子力発電所を漸次廃止し、「自然再生可能エネルギーによる発電へ転換は可能」だと考える。従って、既存の原子力発電所の再稼働には、絶対反対する。

　我が国の原子力規制委員会の方々は、「自然災害の規模を予測する」。筆者の４年制大学の専攻は英語。従って理数系に関する専門知識は、ほぼゼロ。それでも、「自然災害の規模は予測できない」と、考える。その根拠となるのは、「気候変動を身を以て体験している」、からである。

　年次は記憶にないが、大学生の時、１月中ほとんど毎日雪が降り、雨靴を履き、傘をさして通学したことを覚えている。現在、筆者の住む北九州市では、冬に雪が降るのはせいぜい１～２回。それも「積雪」とはほど遠く、地面にほんの少し雪が降ったかなと、感じるくらいのものである。

　また以前は、台風シーズンになると、九州の丁度中央を縦断するようなコースを進み、筆者の住む地域では、相当な被害を受けていた。ところが最近、台風のコースは、鹿児島県に到達する前に、東へコースを替えたり、また東シナ海寄りに進むようになり、筆者の住む北九州では、台風による被害は極端に少なくなった。

　その代わり、夏の平均気温は間違いなく上昇した。おそらく、何度も上昇していることを、容易に気づく。

　地震の津波による被害を想定できても、もし今までになかったような大規模な台風が、川内原子力発電所の真

上を通過する可能性が出てきたら、どうするのだろう。原子力発電所が存在する限り、事故による放射能被害がゼロになることはない。逆に、事故による放射能被害ゼロを目標にするならば、原子力発電所ゼロを目標にしなければならない。

　原子力発電所から、自然再生可能エネルギーによる発電への転換は、将来の我が国のエネルギー政策を考えれば、何も特別なことでもなく、極めて自然なことだと思われる。

　それにもかかわらず、そのような方向への舵切りができないのは、おそらく、原子力関連産業及びそこで働く企業員のためだろう。政府の「補助金制度」を利用しての、他産業への転換を勧めることしかなかろう。

2. 文部科学省の「外国語としての英語教育行政」

1)「文部科学省検定済」の意義崩れたり

2018年度文部科学省検定済
中学校1年用英語教科書
"*NEW HORIZON English Course 1*"（東京書籍発行）
は使えない

2018年度文部科学省検定済、中学校1年用英語教科書 "*NEW HORIZON English Course 1*"（東京書籍発行）の、教材に関する問題点を指摘する。

1. 配慮を欠く教材の配列（？）

教科書を開くと、p.4に「小学校の復習と中学校への導入」として、「英語であいさつをしよう」があり、いくつかの英語挨拶表現がある。ところが、そのことには不可欠である英語アルファベットの練習は、p.12にあることに驚いた。

小学校の高学年で英語を少し学習しているとはいえ、英語アルファベット26文字の発音確認なしに、どのように英語の挨拶表現を教えるのだろうか。

「こんばんは」に相当する英語表現 "Good evening." の

下線部は、日本語にはない「上歯を下唇にあて、その隙間から息を出す［V］音」。この［V］音と、「唇を閉じ、息で唇を破裂させて出す［B］音」の区別を、英語学習を始めたばかりの初心者には、しっかり確認させなければならない。それを怠ると、［V］音と［B］音の区別が後々までできないという、英語発音上極めて重大な問題につながる。

入学したばかりの日本人小学1年生には、「あいうえお、かきくけこ、……」を教えるのが、まず最初であり、その後に教えるのが「おはよう」、「こんにちは」、「こんばんは」である。英語教育においても同様に、「英語挨拶表現」より前に「英語アルファベット」を配列するのが当然だろう。

2. 英文法と頻度を無視した教材（？）

「小学校の復習と中学校への導入」には、さらに「教室で使う英語」(p.5) がある。そこには、我が国の小・中・高校の授業始めと終わりに、学習者が行う「起立」と「着席」の英語表現がある（なぜか「礼」はない）。

筆者の知る限りでは、英語圏（例えばアメリカ合衆国）には、このような習慣はない。言い換えれば、「起立」、「着席」の英語表現は、我が国を訪れた英語を母国語（あるいは外国語）とする人々に、小・中・高校生が授業始めと終わりに行う習慣を、説明する時だけしか用いること

あとがき

はない。なぜそのような英語表現を、英語学習を始めたばかりの初心者に、教えなければならないのだろうか。

しかも「起立」、「着席」に相当する英語表現

Stand up., Sit down.

は、動詞の原形を文頭に置く「命令文」である。私が中学生の時、英語は、45分授業で週5回行われた。それでも、命令文は、かなり後になっての学習だったと記憶している。

「教室で使う英語」(p.5) には、また「一緒に（教科書を）読みましょう」の英語表現、"Let's read together." がある。

筆者の知る限りでは、英語圏（例えばアメリカ合衆国）の中流以上の家庭に育つ子供は、小さい時から自分の部屋を与えられ、小学校から自分の考えを話し、書く教育を受ける。

このような教育環境の中では、「一緒に（教科書を）読みましょう」という表現が用いられる頻度は、極めて少ない。極めて頻度の少ない英語表現を、英語を学習し始めたばかりの初心者に、提示しなければならないのだろうか。

そのうえ、"Let's read together." という英語表現の文法的な説明は難しい。"Let's" というのは "Let us" を短くした形で、それに続くのは、「動詞の原形」である。

それを怠ると、福岡県警のキャンペーン「いっしょにやろうよ」が、"Let's together." となっている誤りを筆者が指摘し、それが1986年1月20日付西日本新聞朝刊

投稿欄に掲載された。

　筆者が勤務していた職場では、「中学校で学習する英文法が理解できていない、福岡県警の英語」と言って、大笑いした。

　また "Let's read together." の発音は極めて難しい。英語の［L］音は、「舌先を上の歯茎につけ、舌の両側から出す音」。［TH］音は、「舌先を上の前歯の裏に軽く当て、その隙間から息を出す音」。特に［TH］音の場合、単語の先頭にあるような "three"、"there" の発音ができるようになってから、"together." を提示するのが、通常の順序である。

　英文法と発音の難易度からすれば、"Let's read together." という表現は、初心者向きではないだろう。

3. 英和辞典の説明に反することを　　なぜ英語学習の教材に（？）

　教科書の教材に登場する人物の紹介（p.11）で、日本人以外は全て「名 + 姓」で、日本人のみ以下のように、「姓 + 名」となっている。

　緑中学校の 1 年生
　　　　→安藤咲と咲の兄安藤春樹
　　　　　伊藤光太と光太の姉伊藤絵美
　　　　　Deepa Mitra（インド出身）
　　　　　Alex Green（カナダ出身）

緑中学校の ALT
　　→ Ellen Baker と弟 Mike Baker
　　　Ellen の友人 Mary Brown
緑中学校サッカー部のコーチ
　　→ Paulo Fernandes（ブラジル出身）
緑中学校の文化祭で咲と出会う
　　→ Becky Jones（オーストラリア出身）

このことは p.23 の説明へと、継続している。

名前の言い方

日本人の名前の言い方は、次の2通りがあります。
1. 日本語どおり「姓 + 名」とする。
2. 英語国での順序に合わせて「名 + 姓」とする。
<u>この教科書では1を使います。</u>
そして
　　　Are you Ando Saki?（p.24）
　　　I'm Ikeda Shin.（p.54）
　　　My name is Kudo Kana.（P.54）
　　　I'm Ando Saki.（p.66）
としているが、<u>このようなことをしてはいけない</u>。以下にその理由をあげる。

　英米人は家の名つまり姓より、個人の名を先に言う。例えば George Washington という名では、初めの

George が個人の名でこれを first name, Christian name, personal name,《米》でまた given name といい、後の Washington が姓でこれを last name, surname, または family name という。

『ライトハウス英和辞典』(研究社)

このことは、英語圏の人々とのコミュニケーションにおいて、否定することはできない。これが第一の理由であり、さらなる理由をつけ加える。

今日、英語圏以外の国々で、外国語としての英語教育が、盛んに行われている。その理由は、英語圏の人々とのコミュニケーションのみならず、英語を外国語とする人々とのコミュニケーションにもまた、英語を用いるためである。

今、日本人と韓国人の間に、コミュニケーションの必要が生じたとしよう。日本人が韓国語を、韓国人が日本語を理解できない場合は、「英語で」ということになる可能性が高い。

その時に、日本人は「日本流の英語」、韓国人は「韓国流の英語」を用いては、誤解が生じる可能性が高くなる。誤解を最小限にするためには、英語を用いる限り、英語圏の習慣・作法等に従わざるを得ない。従って

名前の言い方

日本人の名前の言い方は、次の2通りがあります。

あとがき

1. 日本語どおり「姓 + 名」とする。
2. 英語圏での順序に合わせて「名 + 姓」とする。
<u>この教科書では 1 を使います。</u>

<u>ではなく</u>
  2. <u>英語国での順序に合わせて「名 + 姓」</u>
    <u>とする。</u>
<u>にしなければならない。</u>

＊ 1. 日本語どおり「姓 + 名」とする。
とした場合、その理由を説明しなければならなくなる。英語を学習し始めたばかりの初心者に、そのようなことができるはずはない。

　筆者でさえ、なぜ日本では、名前は「姓 + 名」の順になるのか、歴史や理由は知らない。

4. 学校教育は 「基礎を教える」ことでは（？）

1. I go to bed <u>at about</u> eleven.（p.104）
筆者の在職中、「～時ごろ」の英語表現は

　　　　I go to bed <u>about</u> eleven.

しか、学校では教えることができなかった。その理由は

at about Use one or the other, as appropriate, not both together:

> *at 9 o'clock, about 9 o'clock.*

Roy Copperud, *A Dictionary of Usage and Style* (Hawthorn, 1965)

> at about, at around・It can be argued that since an arrival is either "at seven" or "about seven," "at about seven" is redundant. But in informal speech and writing the construction is common. Since *at* or *about* alone seems more precise, the single word is preferred in General and Formal writing.

Porter Perrin, *Writer's Guide and Index to English* (Maruzen, 1966)

によるものである。
　従って、学校の英語授業で取り扱うのは
> I go to bed <u>at</u> eleven.
> （私は11時に寝ます）
> I go to bed <u>about</u> eleven.
> （私は11時ごろ寝ます）

であり
> I go to bed <u>at about</u> eleven.

は取り扱うべきではない。

　2. <u>Thank you for yesterday</u>, Ms. Brown. (P.110)
　ノーベル文学賞受賞の大江健三郎氏の作品、『個人的な体験』を英訳した John Nathan 氏が

「……。午前中に二時間、授業しなければならないのでね。昨夜と今朝のことは、本当にありがとう」

↓

"I have two classes this morning. Thanks a lot for last night and this morning."（p.78）*A Personal Matter*（Tuttle, 1969）

としたので、当時「日本語に影響された英語表現」として扱われた。ただ英語本来は

Thank you very much for inviting me.

（お招き頂いてどうもありがとうございます）

Thank you for breakfast [lunch, supper, dinner].

（ごちそうさま）

『ライトハウス英和辞典』（研究社）

のように、"for" の次には、「具体的に内容を表すもの」を置くのが基本である。従って

Thank you for yesterday.

は、学校の英語授業で取り扱うべきではない。

5. 不自然な会話の流れ（？）

アメリカ人教師（ALT）と中学生との会話として

Are you from America? — Yes, I am.

Are you from New York? — No, I'm not. I'm from Boston.

So are you a Boston Red Sox fan? ― Yea, I am.（p.26）

がある。中学生のレベルとはいえ、出身地をいきなりプロ野球ティームの本拠地と結びつけるのは、会話の流れとして不自然（アメリカ人教師が、野球には関心がない可能性は、充分考えられる）。

　　　So are you a Boston Red Sox fan? ― Yea, I am.
<u>の代わりに</u>
　　　　　I'm a Boston Red Sox fan. ― Really?
あるいは
　　　　　I hear it's an old city. ― Yes, it is.
の方が、ずっと自然な会話に流れに近いだろう。

＊ALTというのは"Assistant Language Teacher"（外国語指導助手）。従って、単独では授業を行うことはできない。あくまでも、外国語教育の教員免許を持つ日本人教師との、共同授業でなければない。

　以上のように、「日本国内でしか通用しない英語教育教材」など、必要なかろう。これからの「英語教育教材」は、世界に羽ばたく中学生のためのものでなければならない。
　これほどの問題点を含む2018年度中学校1年用英語教科書 *"NEW HORIZON English Course 1"*（東京書籍発行）が、なぜ「文部科学省検定済」となったのだろうか。

あとがき

文部科学省と東京書籍の
癒着による「文部科学省検定済」

と推測されても仕方なかろう。

2）言語教育の基本は
　　「聞く・話す・読む・書く」

　1996年度、在職中の福岡県立小倉西高校で、大学入試センター試験の受験を間近に控えた3年生の男子生徒一人が、筆者に以下の質問をした。

　　過去数年間の大学入試センター試験「英語」の、どの番号が正解番号として、最も多かったのかを調べた。そうすると、「③がいちばん多かった（解答用紙はマークシート方式で、選択肢4～5のうち、自分の回答番号を鉛筆で塗りつぶす）」。間もなく受験する、大学入試センター試験「英語」の解答用紙は、全て③を塗りつぶして提出したら、無効ですか？

ある程度予期していたことではあったが
　　　　　そのような質問には答えられない。
と小さな声で応答し、心の動揺を隠した。言い換えれば

　　高校3年間の外国語としての英語教育を全否定しても、大学入試センター試験「英語」は、回答できる（しかも正解の可能性有り）。

あとがき

　このように、「大学入試センター試験英語」は、入試が終われば何の役にも立たないというだけではなく、その教育的被害は計り知れない。このようなことは、「大学入試センター試験」が実施になった段階で、充分予想できたことである。

　このような文部科学省の愚かさは、性懲りもなく、今後も続く。それは間もなく実施される

　「小学校高学年への外国語としての英語教育」

母国語としての日本語がまだ固まらない段階で、なぜ外国語としての英語教育を、導入しなければならないのだろうか。

　　①自分の身の回りにある問題に関し、自分の
　　　考えをまとめる。

　　②母国語である日本語を用いて、人前で話し
　　　伝える。

　　③さらにはエッセイのような形に書く。

ことこそ、緊急の課題ではないのか。

　筆者が最もおそれることは、私立の中学校において(公立の中学校では実施できない)、入学者選抜の段階で、小学校高学年で履修する英語に関するものを、テストのような形で実施するのではないかという、懸念である。

　筆者は、究極の目標として

外国語は選択教科、従って入試科目から外国語（現在は英語がほとんど）は、外すべきである。

と考える。その理由として
　　理数科目の場合、途中の経過がどのようであれ、ひとつである正解に到達すればいい。
これに対して

　　日本語（国語）や英語（外国語）の場合、自分の伝えたい事柄（あるいは内容）に導く過程が、大切になる。例えば途中で「比喩」を用いたり、また「仮定」を用いたりして、最後に伝えたいことをより効果的にする。

　従って「理数系科目」と「文系科目」を、同じ方法で評価することはできない。面倒でも、「文系科目」は、その途中過程が分かるようなテスト方法に、しなければならない。

　我が国では、小・中・高校で、確かに「国語（日本語）」のテストが行われている。高校の場合は、長文を読んでの読解力、あるいは漢字の練習のようなことを課している。
　ところが、「国語（日本語）」の一番の用途（目的）は、「コミュニケーションの手段」であり、それは「聞き、話し、読み、書く」ことである。ところが学校でのテストは、

あとがき

このようなことには、あまり関連のなさそうな内容である。

　英語も言語のひとつであるから、日本語と同様、一番の用途（目的）は、「コミュニケーションの手段」であり、それは「聞き、話し、読み、書く」ことである。

　ところが、学校における英語教育は、このことから極端に外れ、「入試英語あるいは受験英語」という形を作り出してしまった。

　そこでは、「コミュニケーションの手段としての英語」は必要ない。筆者の印象では
「日本人同士が、英語という外国語を弄んでいる」
としか思えない。しかもそこでは、指導者は
　　　「コミュニケーションの手段としての
　　　　　　　英語の学力は要求されない」
「入試英語あるいは受験英語」をかざして、中・高校生を相手にすれば、収入を得ることができ、生きていくことができる。極端な例だろうが
　　　　　　「辞書さえあれば可能」
になる。これでは
　　　「わかっちゃいるけど止められねえ」

＊「コミュニケーションの手段としての英語学習」であれば、学習者は自分の能力に応じ、外国語としての英語という異文化の世界に、入ることができる。自分の生きている世界が広がる。それは考え方や行動に、大きな影

響を及ぼす。そしてそれは、何と言っても「楽しい」。
　このようなことは、我が国における多くの英語学習者（主に中・高校生）に、与えることができなかったのではないか。それは
　　　　　「入試英語教育による当然の代償」
と、筆者は考える（文部科学省及び都道府県教育委員会の関係者は、この大罪に「知らぬふりの責任逃れ」）。

あとがき

3. ＮＨＫの番組担当者

　それは、筆者のNHK番組担当者への素朴な質問で、明かだろう。

　「音楽家」と言えるのに、なぜ「ミュージシャン」
　　　　　　　　　　　　　　と言うのか（？）
あるいは
　「日本列島暮らしの便り」と言えるのに
　　なぜ「列島インタービュー」と言うのか（？）

これ以上は必要なかろう。おそらくＮＨＫの番組担当者が
　「気取ってカッコウをつける」ことを
　「聴取者が少しでも理解し易いように」より
優先させた。
　そのために
　　　「日本語で表現できるものを
　　　それに相当する外国語を
　　　わざわざカタカナ語に変えて用いる」

　NHK第１放送番組『ラジオ深夜便』の聴取者は、年配の方が多いと聞いている。筆者の中・高校時代の「外

国語としての英語教育」は、ひどいものだった。筆者より年上の方々の受けた「英語教育」は、更にひどかったのではなかろうか。そのような方々に
　　　　「ミュージシャン」より「音楽家」
と言う配慮も、できないのだろうか。

　日時は記録していないが、安倍（晋三）首相が記者会見で
　　　　「日米間のコミットメントにより、〜」
と言うのを聞いた。

「コミットメント」は、英単語の"commitment"のことだと思われる。"commitment"の日本語訳は
　　→（果たすと言った）約束、言質、公約
となっている。筆者なら
　　　　「日米間の確約により、〜」
と言う。

　読者の方々には、日本という国の政治家として最高の地位にある方と、筆者の
　　　　「日本語への関わり方の差」
を、感じて頂けたと思う。

　現在、NHK放送受信料支払者のみならず、日本人は
　　　　「自然で品格のある日本語から
　　　　　　遠ざかってしまった」
という被害を受けている。

あとがき

　本書で、筆者の著書は 10 冊となった。高校英語教育を 30 年間担当しただけの者に、このようなことが可能になったのは
　　　鳥影社百瀬精一代表取締役の
　　　　　　　　長きにわたる筆者への御厚意
に外ならない。筆者の最初の著書『なぜ学校の英語教育はだめなのか』の出版は 1999 年 3 月。約 20 年間に及ぶ、百瀬氏の筆者への御厚意に、深く感謝している。

　在職中、福岡県教育委員会の任命した管理職（の一人）が言った
　　　あんた（筆者）のような生き方をしたらつまらん。
　　　もっと職場の同僚と仲良く（仲良くしていたら、著書は 1 冊も完成していなかったのでは）。

　また県高等学校教職員組合を脱退した 1973 年 4 月、福岡県立若松高校の職員室で、背後から組合員が言った
　　　あいつ（筆者）はバカだから組合を脱退した。これからはつき合わん（つき合わずに済んだ時間は、自己研修に充分当てることができた）。

退職後の執筆活動中、中学校時代の同級生O君が言った
　　　あんた（筆者）は変わり者。
　また高校時代の同級生A君が言った
　　　　　（筆者は）偏向者！

　筆者は30代前半から、我が国の直面する諸問題のうち、自分に関わりのあるものについては

　　　　その解決策を自分で考え、
　　新聞や雑誌への投稿で、啓発活動を行った。

それが、なぜ「変わり者」や「偏向者」なのだろうか（？）おそらく、「変わり者でない者」や「偏向者でない者」は、自分の考えを自分の言葉で発表するようなことは、ない（なかった）のだろう。
　筆者の「自分の言葉で解決策を発表する」は、我が国の憲法が保障している国民の権利であり、そのような行動をした理由は、「民主主義の基本」と、考えたからである。
　そのような行動により、政治家は複数の解決策を集約し、法制化し、改善・改革に移すことができる。言い換えれば、「民主主義の基本」がなければ、政治家は活動できないはずである。このことを再度確認してみよう。
　日本国憲法が保証するのは

第 19 条「思想及び良心の自由」
第 21 条「集会・結社・表現の自由・通信の秘密」
第 23 条「学問の自由」
「民主主義」とは
　手元の国語辞典によれば
　　　人民が主権を持ち
　　　人民の意志をもとにして政治を行う主義
となっている。
　筆者の中学校時代の同級生 O 君は、4 年制大学で経済学を専攻、地方銀行の管理職で退職した。学費に加え、4 年間という時間を費やしながら、我が国の憲法に、目を通すこともなかったのだろう。また「民主主義」の意味について、考えてみることもなかったのだろう。
　しかしながら、よく考えてみれば、我が国の憲法や民主主義の意味を理解していなくても、福岡銀行という地方銀行の管理職の仕事は、全うできる（できた）。逆に、理解していなかったから、幸せだったのかもしれない。
　筆者の高校時代の同級生 A 君は、4 年制大学で英語を専攻、不動産取引を行う自営業者。
　デイヴィッド・クリスタル著『言語学百科事典』（大修館書店）によれば
　　　英語を母国語とする話者→約 350,000,000 人
となっている。「英語という言語の学習」には
　　　「英語を母国語とする人々を
　　　　　切り離すことはできない」

にもかかわらず、この数字を無視したのだろう。さらに、英語を母国語とする人々の行動基準は

「個人主義」

それは、おそらく、米作中心の農耕社会で始まった我が国とは異なり、英語圏は狩猟社会で始まっている。そこでは、自分の創意・工夫がなければ、種々獲物の捕獲は難しく、生きていけなかったのだろう。

　中学生が高校入試のために、高校生が大学入試のために学習する英語は、「入試英語」。そのような英語には、英語を母国語とする人々との関わりは、極めて薄い。

　そのような経験を経て大学に入学すると、英語専攻の学生でさえ、英和辞典を片手に、米英の文学作品を日本語に変える作業に多くの時間を費やす。筆者はこのような英語学習法を、「エスペラント語（Esperanto）学習法」と呼び、最小限の時間しか当てなかった（人工言語である「エスペラント語は、文化的な背景は持たない」）。

　A君も、学費に加え、4年間という時間を費やしながら、「日本人同士で弄ぶ国内用英語」を、専攻したのだろう。

　他方、筆者が大学時代、最も多くの時間を当てたのは

「自分の周りにある問題について

自分の解決策を考え

それを如何に英語で表現するか」

だった。

　当時のアメリカ合衆国は、「ケネディ（John F.

Kennedy 第35代アメリカ合衆国大統領）暗殺事件」があった。その後を引き継いだジョンソン（Lindon B. Johnson）大統領は、ケネディ前大統領の掲げた "New Frontier"（新しい国境あるいは辺境）から "Alliance for Progress"（進歩のための同盟）へ向けて、アメリカ合衆国民を導こうとしていた。しかしながら、そこには何となく、「暗く、悲しい雰囲気」が漂っていた。

　筆者は

It seems to be almost impossible to control guns by law in the US.
（アメリカ合衆国では、法によって
　　　　　　　　銃を規制することは無理だろう）
のような英文を作ることに、多くの時間を当て、楽しんでいた。

　振り返れば、筆者は高校1年次くらいから、「英語の世界の中」で生きてきた。高校3年間は、まだ英語で日常会話はできなかったが、大学を卒業する頃には、日常生活に関することは、だいたい英語で会話ができるようになっていた。それ以来、英語を母国語とする人々のみならず、英語を外国語とする多くの人々との対話・交流を楽しんできた。

　3ヵ月半のアメリカ合衆国滞在中（1975年と76年の夏）は、「毎日が英語に関する新発見」だった。

　そこでは、一人ひとり皆「変わり者あるいは偏向者」だった（？）一人ひとり皆自分の英語で、自分の伝えた

いことを語った。

　極めて普通のアメリカ人男性（年配ではあったが）は、筆者との対話時、「太平洋戦争に関する詳細な知識」を披露した。また、20代の若いインド人女性は、「インドのために、将来は国際舞台で活躍できるようになりたい」と、熱心に語った。

　ところが、ラテン系の言語を母国語とするイタリア人やスペイン人の話す英語は、理解するのがとても難しかった。

　　　　　　　What did he（or she）say?
　　　　（今、何と言ったんですか）
と、近くの人に助けを求めたこともあった。

　高校英語科教員として在職中の30年間は、ティーム・ティーチング（team-teaching—英語を母国語とする人との共同授業）を楽しんだ。彼らとの対話中、時事問題が話題になった時は

　　　　　　　What do you think about ~ ?
　　　　（あなたは〜についてどう思いますか）
とよく質問されたので、これは前もって準備した。

　このような経験がなければ、10冊もの著書は、完成しなかっただろう。

　「人の一生はマラソン競技」に、譬えることができる。小学校から大学まで素晴らしい成績を残しながら、「咲かず終いの人生」の人がいる。このような人は、マラソン競技の10 kmあたりで、沿道の応援者から、拍手を

もらっていたようなものだろう。

　社会人になり、勤務先で素晴らしい業績を残した人は、マラソン競技の30kmあたりで、沿道の応援者から、拍手をもらっていたようなものだろう。

　筆者の場合、小学校と中学校は何とかこなせたが、高校と大学の成績は、散々なものだった。しかしながら、著書10冊完成で、素晴らしい（出来過ぎでは？）、「大輪の花が咲いた人生」となった。

　本書執筆時、筆者の年齢は75歳。我が国の男の平均寿命がだいたい80歳とすれば、これはマラソン競技残り数キロになって、先頭集団に現れたようなものだろう。筆者にとって、「人生マラソンのゴールは平均寿命」。それまで、現在のペースは落ちても、走り続けるだろう。

　O君もA君も、農耕社会で始まった日本という国の片隅で、生きてきたのだろう。そこでは、他人と同じことをしていれば、「村八分」にならずに生きることができた。しかしながら、日本という国から一歩外に出れば、生きてはいけなかっただろう。まさに我が国における、「修得より履修に重点を置く、形式主義的教育」の悲劇。O君とA君は、その主人公を演じてくれた。

　現在は、「人・金・もの」が、国境を越えて移動する時代。世界の政治・経済・金融等の牽引役は、アメリカ合衆国と西ヨーロッパ諸国（筆者の偏見であればお許し願う）。それはやがて、我が国に影響を及ぼす。そして筆者はさ

らに、自分自身への影響を考えることにしている。すでに起こっている身近の、「世の移り変わり」を見てみよう。

筆者は路線バスを利用して、JR門司駅（北九州市門司区）付近までよく出かける。途中ガソリンスタンド（gas station）が数軒あったが、最近、次々と「商売換え」があった。まず最初のものは、「24時間営業のコンビニエンス・ストア（convenience store）」になった。次は、家族向けの「アイス・クリーム店」。

「商売換え」が行われない所は、「閉店」のままである。道路側で、立地条件のいい場所の建物に、「閉店」の看板を見るのは寂しい。おそらく、時代の流れに乗り遅れたのだろう。

筆者は自家用車を持たないので、詳しいことは理解できない。しかしながら、「ガソリンを燃料とする車の減少」であることは、想像がつく。これに付随することは、今までガソリンスタンドで、車の給油係をしていた仕事はなくなったことである。それに代わり、車に給油しているのは、自分のカードを使い、自分で給油している車の所有者。このような場面は、最近食料品を取り扱うスーパー・マーケットでも、見られるようになった。

同業者として、共通の諸問題について語り合っていた昨日までの仲間は、今日からは、もう同業者ではなくなっているかもしれない

このような現実を目にすると、筆者はO君、A君の生き方とは相容れない。お互いの幸福のためには、相手

あとがき

の立場を尊重し、袂を分かちあい、別々の人生を進むしかないだろう。

＊付記

　筆者の著書は本書が最後と思われる。前著『「英語一辺倒の外国語教育」をもうやめよう』（2016年7月、鳥影社刊）の中で（Ⅰ。3．大学英語教育、これでも大学教授？）

　　　　「中学校英語・週3時間（3単位）」
に関し
　　　若林俊輔（当時）東京外国語大学教授
　　　隈部直光（当時）大妻女子大学教授
の主張を筆者は
　　　「算数的思考のできない大学教授の
　　　中学校英語・週3時間（3単位）反対論」
さらに
　　　林彦一（当時）大阪樟蔭女子大学教授
の主張を
　　　「中学校英語・週3時間（3単位）
　　　　　　　に関する無知論・愚論・爆笑論」
とみなし、反論している。
　また
　　　　「広島・長崎への原子爆弾投下の過程」
に関しては

木村朗（当時）鹿児島大学教授
の解説を
　　　「『トルーマン回顧録』の読めない
　　　　　　　　　　大学教授の解説」
とみなし、反論している。
　以上の大学教授の方々には
　　　　「筆者の反論への反論をお願いする」
もしそれができない場合は
　　　　「筆者の反論の正当性」
を認めざるを得なくなり、今後はそのように話を進める。

　　2019年4月　　木　本　清

〈著者紹介〉

木本 清（きもと　きよし）

1943年生まれ
北九州大学外国語学部米英学科卒
元高校教諭
著書に
『なぜ学校の英語教育はだめなのか』
『日本語と英語を比べてみれば』
『英語らしい英文を用いるために』
『日本の英語教育をだめにしているのは』
『反論』
『私の英語遍歴』
『再び「広島・長崎への原子爆弾投下の過程」を検証する』
『「英語と日本語」再考』
『「英語一辺倒の外国語教育」をもうやめよう』
いずれも（鳥影社刊）がある

NHK民営化論 日本語の誤用と 外国語教育への妨げ	2019年4月19日初版第1刷印刷 2019年4月25日初版第1刷発行 著　者　木本　清 発行者　百瀬精一 発行所　鳥影社 (www.choeisha.com)
定価（本体1500円+税）	〒160-0023 東京都新宿区西新宿3-5-12トーカン新宿7F 電話　03(5948)6470, FAX 03(5948)6471 〒392-0012 長野県諏訪市四賀229-1(本社・編集室) 電話　0266(53)2903, FAX 0266(58)6771 印刷・製本　シナノ印刷 © KIMOTO Kiyoshi 2019 printed in Japan
乱丁・落丁はお取り替えします。	ISBN978-4-86265-738-1　C0082

日本音楽著作権協会〈出〉許諾第190214037-01号